© 2015 Günter Diesel

Herstellung: BoD – Books on Demand, Norderstedt

Umschlagentwurf: G. Diesel

Autor - Kontakt: heiro41@web.de

ISBN 9783732298884

GÜNTER DIESEL

# Öko Üblich

## Der Umweltschützer

Aus dem Leben eines Umweltschützers

# Inhalt

## Vorwort

Ich stelle in diesem Buch ein Auswahl meiner Erlebnisse als Umweltschützer vor. Man sollte nicht denken dass diese immer sachlich-verbissen verliefen. Oder meinerseits Frust und Enttäuschung hervorriefen. Keineswegs, oft waren sie kurios oder zeugten von heiterem Aneinandervorbeireden.

Keineswegs heiter ist allerdings, dass seit 60 Jahren viele Dispute immer noch aktuell sind. Dennoch betrachte ich sie heute mit heiterer, auch selbstkritischer Ironie. Daher verpacke ich die ernsthaften Kerne der Dinge um die es geht in verdauliche Verse und verdeutliche sie durch Skizzen. So bleibt die Botschaft, die ich damit verbinden will, vielleicht doch länger im Gedächtnis.

Stellvertretend für alle, die als Natur- und Umweltschützer tätig sind oder waren, steht in meinen Erzählungen die Figur des "Öko" (Vorname) "Üblich" (Nachname). Seine Argumente zum Schutz von Wasser und Boden, interpretierten seine Diskussionsgegner häufig so, als sei er geistig noch immer der ägyptischen Vorzeit verhaftet.

Natürlich will keiner mehr wie vor 4000 Jahren leben, doch ist es bedauerlich dass uralte Weisheiten heute nichtmehr zählen. „Öko Üblich" meint bei der Nutzung unserer heutiger Umwelt sollten wir uns öfter respektvoll die archaische Achtung von Erde, Wasser und Luft zu Eigen machen.

Ich widme dieses Buch Frau Gerlinde Schuhmann, die über zwei Jahrzehnte souverän und mit Geduld das fehlerfrei aufs Papier gebracht hatte, was ich zum Schutz der Umwelt zu sagen hatte.

Günter Diesel, 25. 2. 2015, dem Geburtstag von Enkel Len.

## Porträt

# Öko Üblich, der Kämpfer

Den Schützern der Umwelt vor Bankrott und Zerstörung, seien gereimt ein paar Zeilen der Verehrung.

Von Stress und Arbeit werden sie oft überrollt,

Und halten dennoch die Stellung an der ökologischen Front.

Stellvertretend für sie steht Öko Üblich mit seinem Portrait, immer aufrecht und zäh.

Er bleibt standfest, zeigt hartes Profil.

Predigt er auch vergeblich, gleich Moses am Nil.

Aber sind seine Gedanken wirklich archaisch,

altägyptisch oder überholt und lästig?

Nur, anders als die heutigen Pharaonen, wussten die Gegner von Moses die Erde zu schonen. Sie schützten Wasser und fruchtbares Land, bauten Pyramiden stets auf leblosen Sand.

Vergessen haben das die modernen Despoten, deshalb stempelten sie den Üblich oft ab, als Idioten. Beigelegt werden müsste der nutzlose Streit, sonst sind ökologische Katastrophen nicht mehr weit.

So kämpft Öko Üblich nun weiter gegen Gift und Beton, für Natur, sauberes Wasser und gegen Atom. Doch dem Don Quichote nur allzu ähnlich, unterliegt er Profitgier und Einfalt oft kläglich.

# Der neue Kollege

# Die Audienz

Grün ist schön.
Man kann es pflücken und sich damit schmücken.
Man steckt es sich an und ist ein aktueller Mann.
Besonders modern und geschickt ist das in der
Politik.
Sogar bis hinab in die untersten Chargen, sollte man
grün wenigstens äußerlich tragen.

Und in die Administrationen und Verwaltungs-
schablonen sollte man sich Berufsgrüne zum
Vorzeigen holen.

Auch Öko Üblich wurde derart bestellt.

Er darf auch mal maulen und bekommt dafür noch Geld.

Doch Öko tut's nicht aus politischer Neigung, sondern aus Einsicht und Überzeugung.

Und weil es opportun war im Verwaltungsgeschehen durfte er auch an Konferenzen teilnehmen.

Im hohen Rat wurde er gnädig geduldet, wenn er dem Fürsten seine Hochachtung schuldet.

Die weisen Herren planten jedoch weiter im alten Stil des Betons, Stahls, Asphalts und Lärms viel zu viel.
Sie taten es mit kalter Routine, völlig ungeniert, an den Erfahrungen der Zeit ganz desinteressiert.

Und Öko sah die bunten Wiesen versteinern.
Sah Bagger und Dynamit die Berge zerkleinern.
Sah Fische im Wasser bäuchlings schwimmen.
Sah Beton gewordene Ufer die Bäche trimmen.

Es stank das Wasser, staubte die Luft.
Es hämmerte Lärm die Gedanken zu Frust.
Das konnte Öko nicht mehr ertragen.

Er musste es deutlich dem Fürsten mal sagen.

Schließlich hatte der ihn gerufen, um den Stopp des Amoklaufs zu versuchen.

Und deutlich die Umweltschändung zu benennen, deren Folgen doch alle längst kennen.

Nur, welches Erstaunen bei der Audienz, ob dieser unerhörten Impertinenz! Wie könne Üblich aus belanglosem Grunde verwerfen die Beschlüsse der Ratsherrenrunde! Der Kaiser selber hätte alles längst gebilligt.

Hätte sämtliche Gelder für die Projekte bewilligt.

Was sei er doch ein kleingeistiger Wicht.
Er fördere den zivilisatorischen Fortschritt nicht!
Üblich führe sich auf wie ein Narr am Hofe.
Er schade dem Bemühen zum öffentlichen Wohle.
Doch der Hofnarr, als feudale Institution, sei längst
ausgestorbene, mittelalterliche Tradition.

Die Konsequenz für solche Narrheiten kenne er.

Noch mal so'n Vorfall, dann sei er weg vom Fenster.

Leute, die die Sache nur ökologisch sehen und nicht
das komplexe Geschehen, könnten gehen!

Und Üblich packte eine stille Wut.

Was hatte der Narr es früher doch gut?

Er durfte auch Heikles nennen beim Namen.

Vor Fehlentscheidungen und Sünden mahnen.

Tat dies sogar gegen den Rat der fürstlichen Weisen,
und keiner wagte es ihn in den Kerker zu schmeißen.

Ist Ökos Existenz an Narren statt, denn wirklich
nichts anderes als ein Feigenblatt?

# Kinderkonkurrenz

Unterhaltung von Ö(ko) Ü(blich) mit Herrn X.Y.

Ö Ü: Schon als Kind dachte ich, Gott möge mich
vor Kinderlosigkeit behüten.

X Y: Recht so! Wenigstens eins sollte man haben.
Das bereitet schon großes Vergnügen.

Ö Ü: Aber ihre Bewegungsfreiheit auf der Straße,
lässt doch sehr zu wünschen übrig.

X Y: Ja, alles ist verstopft und zugeparkt.
Es ist eine Schande Herr Üblich.

Ö Ü: Wenn man sieht wie rücksichtslos sich manche
auf der Straße aufführen, könnte man eine
Krise bekommen.

X Y: Rücksichtslos! Letztens hat so ein Lümmel
sogar meinen Kleinen angefahren. Zwei Beulen
hatte der abbekommen.

Ö Ü: Hinzu kommt noch der Dreck und das Salz.

Manchmal sind meine beiden zugespritzt von
oben bis unten.

X Y: Zu allem meint die Stadt noch, mit Tempo 30
würde sich die Misere lösen lassen.

Ö Ü: Dass unsere Liebsten selbst die Gassen nicht
mehr nutzen können, ist doch nicht zu fassen!

X Y: Genau! Letztens hatte sich der Rowdy aus
der Parallelstraße samt Anhänger sogar vor
meinem Haus breitgemacht.

Ö Ü: Es wird nichts anderes übrigbleiben, als dass
wir ihnen ein Stück Garten hinter dem Haus
überlassen.

X Y: Ja, hinterm Haus werden sie sicherer sein.
Dafür opfere ich sogar ein Stück Rasen.

Ö Ü :Alle Achtung! Der Rasen war ihnen doch bislang heilig? Den haben Sie doch gegen jegliche Umwandlung verteidigt?

X Y : Ja, gegen Umsetzung der neuen städtischen Verordnung streite ich.

Ö Ü :Wollen sie gegen die Spielplatzverordnung protestieren?

X Y : Ja, die Gören können zwischen Teppichstange und Mülltonnen spielen. Doch wehe, wenn sie dann meine beiden Autos demolieren!

Ö Ü :Oh Herr X Y, was bin ich doch so blind! Autos sind ja der Deutschen liebstes Kind!

# Die Wiederherstellung der Liquidität

Herr Ingenieur, es sinkt der Gewinn!
Die Abfallentsorgung rafft ihn dahin!
Senken Sie die Kosten,
sonst verlieren Sie ihren Posten!

Herr Direktor,
ich kenne ein Verfahren,
um Entsorgungsgebühren zu sparen.
Die Konkurrenz hat's schon praktiziert,
es hilft garantiert!
Man braucht nur die Schieber zu liften,
und ein paar Fische zu vergiften!

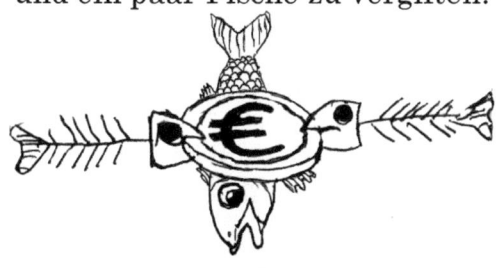

# Feuchte Augen
## oder:
## Ist Schutz vor der Umwelt auch Umweltschutz?

Kaufte die Wohnungsbaugesellschaft Raff & Klau
(R&K) alle sauren Wiesen auf, unten in der feuchten
Au.

Jeder Einheimische, ob Kind oder Kreis,
schüttelte den Kopf:
„Dafür gäbe ich nicht mal 'nen Knopf".

Doch die R&K lächelte müde und gab nichts auf das
Geschwätz, dachte nur an Kapitalanlage, Tantiemen
und Abschreibungsgesetz.

Es gab Interessierte, vor denen Raff propagierte:

*„Ich baue zwanzig "Abschreibungshäuser" für den
Mittelstand nach Bauherrenmodell,*

*Das amortisiert sich, bringt Zaster und verkauft sich
schnell.*

*Selbst unten in der Niederung, gibt es keine Probleme
mit der Genehmigung.*

*Das weis ich. Ich rede mal mit einflussreichen
Freunden, dann geht's nach Paragraph 34.*

*Sogar im Sumpf baut man heute gefahrlos
Geschoß um Geschoß.*
*Dank moderner Maschinen, habe ich dort im
Handumdrehen schnell die paar Häuser stehen.*
*Schlüsselfertig, mit Terrasse und Komfort-Studios in
zwei Geschossen, ist das Projekt noch vor
Weihnachten abgeschlossen."*

Wie seit tausenden von Jahren, nach der Schmelze
von Eis und Schnee, schwoll der Fluss an.

Und in der „Auwies" staute sich ein See.

Der ganze Garten, die Terrasse mit Marmorplatten,
auch Kodeniaster und Blumenrabatten, das Haus
samt Keller bis Küche im ersten Stock, alles stand –
oh Wunder – „landunter"!

Da wandten sich die betrogenen Besitzer klagend an
Ökos Amt.
Sie jammerten, drohten, schimpften und sagten, das
sei doch 'ne Schand!

Jedes Jahr im März ständen ihre Häuser im Wasser
und badeten im Schmutz.
Das müsse sich ändern!
Wo bliebe denn der Umweltschutz?

Sie forderten Drainagen, Kanäle, Polder und hohe
Deichbaue.
Endlich trockenlegen müsse man die ganze Flussaue!
Ja, den wilden Fluss soll man schnellstens richten
und kanalisieren.
Seine Urkraft eliminieren,
dann könne so etwas nicht mehr passieren.

Doch Üblich sagte:

*„Nein! Seit ewig gehört das Land dort dem Fluss.*

*Die Missachtung dieses Naturrechts durch die R & K*
*verschaffe den Verdruss!*
*Als diese Halunken Sie mit bunten Prospekten*
*täuschte,*
*da ignorierten sie aus Profitsucht alle Hinweise auf*
*die Feuchte.*

*Schützen muss man die natürliche Umwelt vor*
*solchen Teufeln.*

*Schützen vor allen, die Hochwassersicherheit*
*heucheln.*
*Die Flüsse brauchen Schutz, auf der ganzen Welt.*
*Umgekehrt wäre der Umweltschutz ja auf den Kopf*
*gestellt!"*

## Torf für jedes Dorf

Allzeit wettert Üblich gegen den Torf.
Er tat dies bei Gärtnern im Dorf.
Redete Händlern und Hausfrauen ins Ohr,
suchte Verständnis zu wecken fürs sterbende Moor.
Redete bis er alle überzeugt hatte, dass Mullchen mit
Rinde besser wäre für die Blumenrabatte.

Da wog er sich sicher im Kampf um das Wollgras,
um Sonnentau und Vögel im sumpfigen Nass.
Doch Kommerz und Unvernunft kennt keine
Grenzen.
Er sah einen Lastzug, voll Torf von den Nenzen.

Ein Schlepper mit Hänger aus Sibiriens Tundra,
stand überladen im städtischen Fuhrpark!
Bestellt hatten ihn die Gärtner, die grünen Kollegen,
die wissenden Ökologen, mit beruflichem Segen.
Wissen sie es nicht, was das für die Moore bedeutet?
Sie sagten, selbstverständlich wüssten sie das,
und nicht erst seit heute.
Aber der Torf käme fernab von den ehemaligen
Kommunisten, und bolschewistische Hochmoore gelte
es zu vernichten.
Öko Üblich dachte:
*„Heiliger Sankt Florian, nimm dir diesen Tor
und schmeiße ihn ins sibirische Moor!"*

17

# Der Trainingsfisch

Saß der Angler Meier im Wald an einem Weiher.
Still in dösender Ruh, da kam Öko Üblich hinzu.
Fragte höflich beflissen:
*"Hat schon einer angebissen?"*
Sagt der Meier: *„Oh, 'ne große Menge,
an meiner Angel ist Gedränge."*
*„ Kann ich die Beute mal sehen?"*
*„Da müssten Sie schon ins Wasser gehen."*
*„Wieso, haben Sie denn keinen Kescher?"*
*„ Nein, höchstens fürs Bier 'nen Becher,
denn bei mir zu Hause kommt kein Fisch auf den
Tisch!"*
*„Aber sie sind doch im Angler-Verein?"*
*„Ja, ja, aber Fisch essen, nein, nein!"*
*„Und warum angeln Sie dann immerfort?"*
*„Das tue ich aus reinem Sport. Hat ein Fisch mal
angebissen, wird er wieder rein geschmissen."*
*„Ist das denn keine Tierquälerei?"*
*„Iwo, ich bin an der Luft und hab' meinen Spaß
dabei!"*

18

# Appell an den Wald

Oh du schöner Deutscher Wald.
Bist du nicht längst schon zu alt?

Geboren nach der Eiszeit.
Willst du leben bis in alle Ewigkeit?

Tue uns das bitte nicht an.
Lass doch mal was anderes ran!

Du verholzter Alter mit Rindenhaut.
Lieber Freund du bist längst schon out!

Alles von gestern ist heute Dreck.
Im Jetset-Schwung werfen wir's weg.

Wir machen keine Ausnahme dabei.
Jetzt bist du halt an der Reih.

Brauchst nicht weinen, alter Knacker.
Wir machen es ohne Holzhacker.

Mit Siechtum, langsam voran.
Na, sind wir nicht human?

Schwefel-Staub fein dosiert.
Auch Fotooxydanten werden serviert.

So 'n Aufwand treiben wir sonst nicht.
Bei dir ist es uns heilige Pflicht!

Dein Grün haben wir zu lange gesehen.
In Steppen wollen wir spazieren gehen.

Du grüne Hölle sollst es büßen.
Wir verwandeln dich in Wüsten!

# Wunschdenken

Herr Ökonom spricht in Prosa
und färbt seine Taten rosa.
Herr Üblich doziert akademisch,
in verbrämtem Fachchinesisch.
Es sprechen diese zwei
konstant am Ziel vorbei.
Verkrampft, gar bissig, frostig,
in Worten laut und rostig.
So geht das über Stunden,
kein Konsens wird gefunden.
Das geht doch nicht so weiter,
ermahnt der Tagungsleiter.
Sie sollten sich besinnen
und noch mal neu beginnen.
Mit einer andren Sprache,
zum Wohle dieser Sache.
Da regte sich die Phantasie,
es wuchs der Wunsch nach Poesie.
Das Zitieren von Fakten und Werten
geschah fortan nur noch in Versen.
Und mit dem Hang zum Reime,
erlosch der Frust im Keime.
In dieser Atmosphäre,
gab Erfolg sich dann die Ehre!

# Katastrophaler Einsatz

Ab und an meldet man am Hofe eine Katastrophe.
Mit Einsatz nach Plan müssen alle ran.
Feuerwehr, Rechtsverdreher,
Tiefbauer, Schadensbeschauer,
Forstbiologen, Sozialpädagogen,
Abfallbeseitiger, Interessenverteidiger.
Mechanisten, Alchemisten,
und nicht zuletzt kommt Öko Üblich gehetzt.
Im Trinkwasserfördergebiet ist es passiert,
dort war ein Benzinwaggon kollidiert.
Man tastet sich dann vorsichtig ans Geschehen ran.
Gibt es Explosionen, giftige Immissionen,
schädliche Kontaminationen, strahlende Ionen,
juristische Komplikationen,
unbekannte Korrelationen?
Wird ein Sanierungsaufwand sich überhaupt lohnen?
Pausenlos wird beraten und der Schaden –.
kann warten.
Fachspezifische Arbeitsgruppen
sollen das Problem erledigen.
Noch während einer Sitzung der Gremien
berichten schon die Medien.
Man erläutert die Sache sei sehr komplex
und dem Anschein nach verhext.
Man müsse analysieren zunächst,
ob Folgegefahr erwächst.
Man könne noch nichts machen jetzt,
so stand es dann im Zeitungstext.
Zunächst erweitere man den Krisenstab,
wollte das Problem lösen im Labormaßstab,
und kalkulieren einen begrenzten Erdabtrag.
Und während man diskutiert, versickern
Kohlenwasserstoffe ungeniert.

Füllen Tonnen von Ölen im Erdreich Klüfte und
Höhlen.
Verschwinden Ladungen von Dioxin
durch Luft und Wasser irgendwo hin!
Reihum erklären sich Experten ängstlich, sie seien
für die Sache nicht zuständig.
Die Einschaltung der Regierung sei unumgänglich.
Die Feuerwehr fürchtet Explosionen sehr.
Wie hoch der Kosteneinsatz ist, fragt der Jurist.
Da meint der Tiefbauer: „Es reißt die Straße,
es stürzt die Mauer."
Der Agent sagt voll Pflicht,
die Versicherungsprämie deckt das nicht.
Eine Biologin weist auf Epidemien hin.
Die Soziologen warnen, es träfe wieder nur die
Armen.
Das Red-Arie-Verfahren, sei verlässlicher, meint ein
Techniker.

Das Zeug wäre zu „heiß", als dass man es auf die
Deponie schmeißt.

Er hafte nicht, der Fall sei verjährt, der Verursacher
ganz unschuldig erklärt.


Niemand weiß, traut, ahnt.
Jeder beteuert, befürchtet, warnt.
Keiner ist schuld!
Da verliert Öko Üblich dir Geduld.
Und während sich alle in Theorien zerpflücken,
sich hinhaltend vor Verantwortung drücken,
denkt Üblich:

*„Ist auch der Bagger mein natürlicher Widersacher, so
bediene ich mich heute, seiner mit großer Freude!"*

Noch nachtet und tagt der Krisenstab, schon trägt
der Bagger alles ab. Füllt LKWs und Waggone,
Spezialcontainer und gasdichte Tonne.

So ist über Nacht der kontaminierte Dreck, aus dem
Wasserschutzgebiet weg.

Aus der Wassergefahr abtransportiert,
dorthin wo man giftiges Erdreich entkontaminiert..
Und das ohne jeglichen Ton einer großen Explosion.
Auch schützte man die Nasen vor eventuellen Gasen.

Dann trat Üblich aus stolzem Grunde
in die Krisenexperten-Runde
und sagte: *„Was beratet ihr noch?*
*Am Unfallort gähnt ein riesiges Loch!"*

Da sprangen sie auf von ihren gequälten Sesseln,
waren blutlos bleich, aber vom Trauma entfesselt.
Und zum ersten Mal in seiner Karriere,
erwies man Öko Üblich Respekt und Ehre.

# Der Gewissenskonflikt

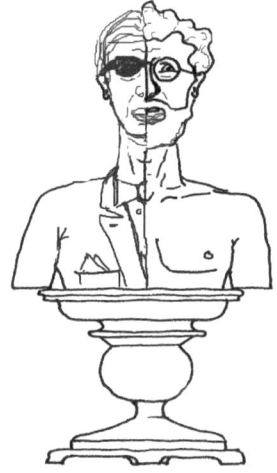

Viel Kraft braucht Öko Üblich, um den Zweifel zu überwinden, in dem sich Umweltschützer beim Thema „Landschaft aus zweiter Hand" befinden.

Bei der Geschicht' hat er ein geteiltes Gesicht!

Die Lüneburger Heide ist das klassische Beispiel einer künstlichen Landschaft, die der Mensch mit seinen Schafen erst erhaltenswert macht.

Aber überall, in jedem industrialisierten oder bewirtschafteten Land, gibt es solche schützenswerten Lebensräume aus Menschenhand. Es sind tausende von Kiesgruben und Abraum-Halden in oder auf denen bedrohte Tiere eine zweite Heimat erhalten.

Erlöschen aus ökonomischen Gründen die Interessen, so geraten unwirtliche Orte auch schnell ins allgemeine Vergessen.

Wegen ihrer Abgeschiedenheit werden dann solche Landschaftswunden oft zu Lebensräumen von ökologischen Werten.

Weil Böschungen oder Moraste ihren Zugang erschweren, wird ihr Zutritt aus Gefahrengründen meistens verboten. Damit werden sie zu wertvollen Biotopen,

Es ist natürlich nicht abzustreiten, dass es sinnvoll sein kann, große Löcher mit Bauschutt zu verfüllen und der umliegenden Landschaft wieder anzugleichen.

Und mit Bauschuttverfrachten in Landschaftsnarben ist auch noch gutes Geld zu machen.

Ist es aber verantwortbar, dass Menschen aus der Natur zum zweiten Mal Gewinn ziehen? Wenn sich Pflanzen und Tiere dort nochmal niederließen, denen wir vorher überall die Existenz vermiesten?

Peinlich für Öko Üblich ist es nur, dass Naturschützer vor Jahren dafür waren, die Löcher nochmal mit Bauschutt zu füllen.

Heute ist Üblich aus guten Gründen häufig gegen diesen ursprünglichen Willen und muss es versagen dort Bauschutt zu abzuladen,

Manchmal ist die Natur halt flexibler, als diejenigen, die ihr mit „Heilung" helfen wollten. Oft konnte sie sich neue Lebensräume selbstständig zurückholen.

So wurden mancherorts Wunden in der Geographie zum Faustpfand der Ökologie. Nun mag man dem Üblich vorwerfen, die Verfüllungsauflagen alter Eingriffsgenehmigungen zu verwerfen, doch muss er verantwortlich überlegen und eine „Landschaftsheilung" mit Deponieprofit gegen Biotopschutz abwägen.

Denn Gruben und Halden im gebeutelten Land,
sind häufig wertvolle Welten aus zweiter Hand!

26

# Naturfreunde

Oben im Landschaftsschutzgebiet die Kreuzblume und die Hummelragwurz blüht. In himmlischer Ruhe lagen dort Blumenwiesen, so wie wir sie alle liebten. Doch schon vor Jahrzehnten ergriff eine Seuche schleichend die traumvollen Ebenen. Es wurde – sukzessiv in Raten – gebaut – für Hacken und Spaten – ein Häuschen zum Wirtschaften im grünen Garten und um dann und wann Äpfel zu braten.

Entsprach die Hütte den Beschränkungen in Größe und Baumaterial, war sie legal. So großzügig sind halt die Maschen im Netz, vom Landschaftsschutzgesetz. Denn es bestätigen die Paragraphen, dass kleine Holzhütten einer Wiese nicht schaden. Wenn alles dem Obstbau dient, dann ist der Fall gesühnt.

Doch Äpfel waren nur ein Vorwand. Schon Großvater erweiterte bald den Unterstand, in seiner Freizeit mit eigener Hand, für die Wochenenden auf dem Land.

Der Enkelsohn meinte später: *„Die Spaten wurden auch immer breiter, deshalb musste Opa die Hütte erweitern."*

Vor der Bude pflanzte der „Erschließungspionier" ein paar Liguster-Hecken, um die Erweiterung zu verstecken. Langsam verwandelte sich das Bild, alles war gepflegt, nichts mehr wucherte wild. Fichten und Altreifen mit Immergrün machten jetzt die Wiesen schön.

Und nach der Arbeit Ende
kaufte Opa Steine von der Rente,
spuckte noch mal in die Hände
und vergrößerte Hüttendach und Wände.

Dann gab er auf die Wohnung in der Stadt – auch postalisch ging das glatt – denn rechts, hinten und vis à vis, gab es draußen schon eine Wohnkolonie. Geteerte Feldwege wurden obligatorisch. Kein Haus mehr war garten-provisorisch. Und zugleich mit der Wegeverbreiterung legten alle ihre privaten Stromleitungen.

Opa gefiel das nicht. Er sagte: *„Dass ich dort nicht mehr alleine bin, das stört mich! Zu viele wohnen jetzt hier außerörtlich. Die nehmen den Naturschutz nicht wörtlich. Man sollte gegen sie vorgehen, aber behördlich!"*

War er doch aus der Stadt geflohen, um sich in freier Natur zu erholen, Was er nun sah das war fatal! Zäune und Hütten verschandelten das Tal. Es störte ihn, dass Egoisten sich in der Landschaft einnisten und aus den schönsten Teilen sich die Filet-Stücke ausschneiden!

Opa jammerte: *„Ich bin ein Naturfreund seit Jahren schon, Pflege meinen Rasen ganz ohne Lohn. Was die da machen, ist dagegen ein Hohn. Zu Ende geht's mit der Natur, mein Sohn."*
Laut wollte er nicht klagen. Denn mit den Nachbarn soll man sich ja vertragen. Er pflanzte Thuja dicht an dicht am Zaun, so sah er der Nachbarn Untaten kaum. Zurückgezogen in seinem gepflegten Garten, konnte er auf die alten Tage, des Nachbars Landschaftsverschandelung ertragen. Mit seinem Haus im Grünen hatte er für seinen Sohn gesorgt. Vererbte er diesem doch ein Anwesen am schönsten Ort.

*„Wenn ich mal tot bin, erbst du das Haus mein Kind. Erweitere es geschwind. Die Behörden sind ja blind.*

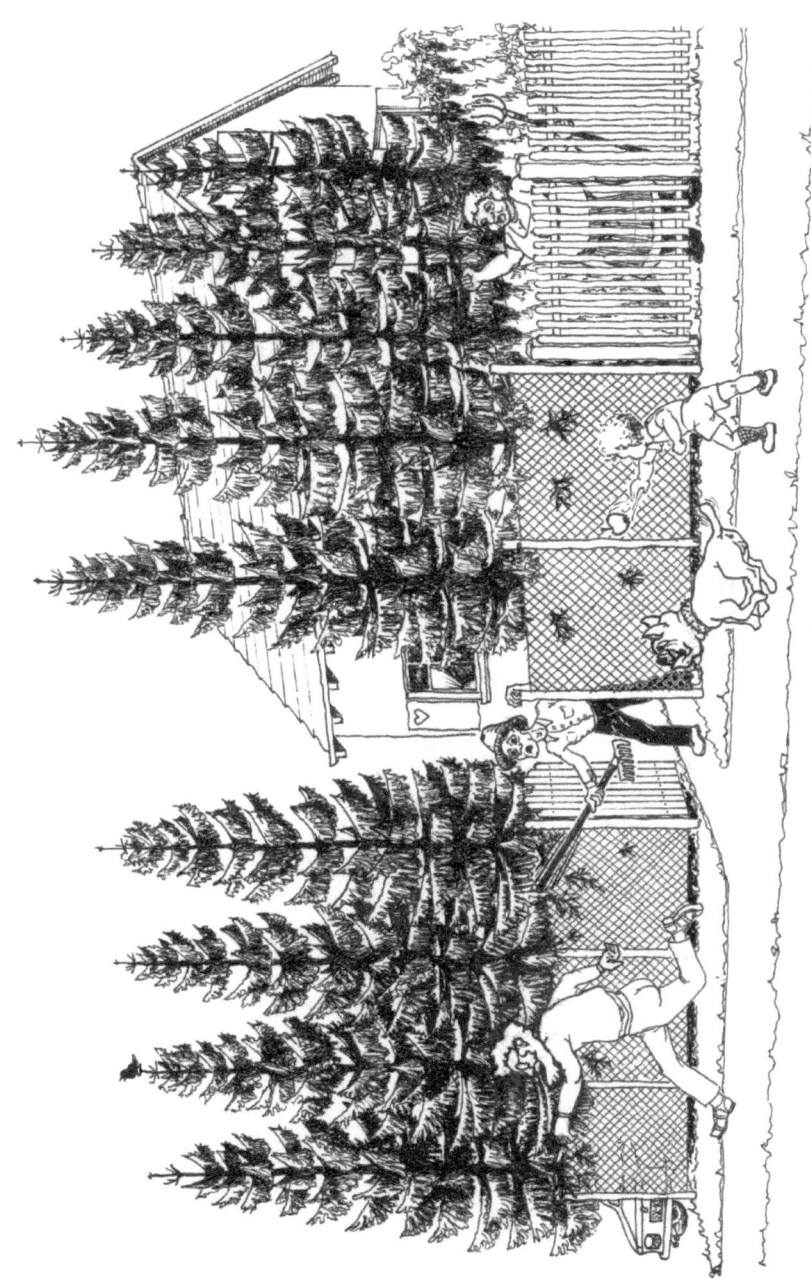

Auf einem Rundgang schließlich, entdeckte es staunend der Amtmann Öko Üblich. Fassungslos wanderte er mit stolperndem Gang, an den ehemaligen Hacken- und Spaten-Hütten entlang.
Wie ein Spießrutenlaufen war das hier, zwischen Drahtverhau und Thuja-Spalier. *„Eindringling"*, rief einer aus der Siedlerrunde und hetzte auf Öko bissige Hunde.

Und Öko sah hinter Fichten und Drahtverhau auf jeder Parzelle einen kompletten Wohnhausbau.
Er war entsetzt über diesen Landschaftsklau und wollte das überprüfen und zwar ganz genau.

Zurück in seiner Amtsstube, kramte er bis in die unterste Schube. Dick verstaubt schlummerte dort jahrzehntelang ein amtlicher Vorgang. Darin las er, dass vor fünfzig Jahren, in einem die Örtlichkeit betreffenden Verfahren, der Bürgermeister höchst persönlich – auf eines Bekannten Bitte – genehmigte – für Rechen und Spaten – eine Gerätehütte.

Üblich schüttelte den Kopf und fragte: *„Was ist nur aus all den Hütten geworden, da draußen an den herrlichen Orten?*
*Da stehen jetzt ja Häuser aller Sorten. Das ist doch nicht zu fassen mit einfachen Worten!*
*Aus den Hütten wurden Häuser, so sorgsam getarnt, dass keiner was ahnt! Das geht doch nicht! Ich bring den Fall vor Gericht.*

Keines der Häuser hatte Bestandsschutz. Völlig unzulässig war der Wohnungsnutz. Illegal waren die Hüttenerweiterungen, so stand es in den Gesetzes-Erläuterungen.

Der Kläger Üblich bekam volles Recht.
Doch sagte das hohe Verwaltungsgericht, er sähe das
Sozialproblem nicht. Für Obdachverlust hätte er nun
die Ersatzpflicht!

Also fragte der Richter: *„Herr Üblich wo sollen die
Leute denn alle hin? Was haben Sie mit ihnen im
Sinn? Sie brauchen doch ein Dach überm Kopf.
Üblich sie müssen zunächst mal für alle Ersatz-
wohnungen finden. Erst dann könnten die "Hütten"
verschwinden!*

Für Öko war das Umsiedeln ein fachfremdes, aus-
sichtsloses Verlangen und es wurde ihm um seiner
„Flurbereinigung" bange.

*„Üblich, nie lösen Sie diesen Knoten",* freuten sich die
Kolonisten unverhohlen.

Und in seltener Einmütigkeit waren auch Politiker
unterschiedlicher Parteien gegen Ökos Rechtsstreit.

Sie beschlossen: *„Naturschutz hat immer Vorrang,
doch nicht zur Zeit, denn die Wahlen sind nicht mehr
weit".*

Üblichs Umwelt-Dezernent betonte ressort-gewichtig,
Naturschutz sei ihm schon sehr wichtig, doch im
Moment käme er ungelegen, man könne nach den
Wahlen mal darüber reden.

Und ein hoher Ministerial-Beamter sagte, unter den
Beklagten sei schließlich ein naher Verwandter.

Die Reden von Ökos Behördenkollegen berührten ihn
sehr peinlich. Sie meinten beständig: „Üblich, sei
doch nicht so kleinlich. Das ist doch nicht notwendig"

Landschaftsschutz ware eigentlich nicht wichtig. Wohnhausbau hätte Vorrang, das sei doch richtig. Umgekehrt zu denken wäre kurzsichtig. Menschliche Lebensraumsicherung betreibe man langfristig. Vor den Wahlen sei zu vermeiden, dass Behörden zu Räumungsaktionen schreiten.

Allerdings in die Landschaft hinein, gelte es zu unterbinden jegliche bauliche Erweiterung. Zu stoppen sei dort auch die Wegeverbreiterung. Das müsse Üblich alles überwachen, damit Hüttenbauer nicht die Landschaft kaputtmachen. Bestrafen solle er aber nicht, falls er mal einen Sünder erwischt!

Was sagen da noch die alten Lehren? Die da heißen,
man soll den Anfängen wehren, solange
„Naturfreunde" in allen Ehren, Natur ungestraft ins
Gegenteil verkehren!

Es gilt: „Naturfreunde, baut euch am schönsten Fleck illegal ein Haus, diese Aktion zahlt sich aus, denn vor Rechtfertigung bleibt ihr verschont, solange es Wahltermine gibt bis zum Horizont!"

# Der Grenzfall

*„Die Hecke braucht einen Schnitt",*
dachte Meiers Nachbar Schmitt.
*„Sie ist zu breit und zu hoch.*
*Wächst herüber in meinen Hof.*
*Feucht ist auch mein Erdgeschoß.*
*Mein Rasen besteht nur noch aus Moos.*
*Es rottet meine Mauer.*
*Zu nass ist's auf die Dauer.*
*Faul ist das Holz vom Zaun, 's kommt vom Meierbaum.*
*Bei jedem starken Wetter,*
*liegt mein Hof voll von dessen Blätter.*

Schmitt tat's dem Meier sagen.
Der solle den Baum abschlagen.
Er soll die Hecke stutzen.
Schmitt wolle die Wand verputzen.

Das lehnte ab der Meier.
Es sei die alte Leier.
Der Baum im Gartenland,
wär längst im Schutzbestand.
Die Hecke würde viel nützen.
Man müsste die Vögel schützen.
Auch würde dieses schöne Grün,
schon länger als die Mauer stehn.
Der Schmitt soll die Mauer schleifen.
Sie stände auf Meiers Streifen.
Er wüsste es ganz genau.
Ganz unzulässig war ihr Bau.

Die Mauer erfülle ihren Zweck,
hielt ab den ganzen Meier-Dreck.
Erwiderte Herr Schmitt empört
Und fand die Antwort unerhört.
Dank der Mauer sei er nicht mehr krank.
Sie stoppe den Kompostgestank.
Nur wegen Meiers grünem Fimmel,
hätten seine Rosen Schimmel.
Das ganze Unkraut käme von drüben.
Ersticken würden Kohl und Rüben.
Trotz Herbizid und Bio-Ex,
alleine nur das Unkraut wächst!
In Meiers Kompost und Rabatten,
gab's wohl auch noch Ratten.
So könne das nicht weiter gehen,
man werde sich vorm Kadi sehen.
Meier sagt das wäre ein Witz.
Auf diese Drohung gäbe er nichts.

Und der Natur zu Ehren,
wüsste er sich schon zu wehren.
Baum und Hecke fallen nie,
schützten sie doch vor Chemie
und Schmitts Pestizidenbrühe,
die dieser stets am Zaun versprühe.
Und in Meiers Mischkultur
ständen wilde Kräuter nur.
Da gäbe es kein Unkraut.
Es wüchse nur was Gott erlaubt.
Der Grund für Läuse und Ungeziefer
läge bei Schmitt und säße tiefer.
Schmitt hätte ja einen Exoten-Garten,
das ließe die Schädlinge erwarten.

Da blieb dem Schmitt die Luft aus.
Bleich wankte er ins Gartenhaus.
Flach lag er auf der Bank,
wortlos und im Magen krank.
Doch unterm Hüttendache,
schwor er dem Meier Rache.
Es wäre doch gelacht, Meier werde schon sehen,
er wolle zum Naturschutz gehen.
So ging er dann verdrießlich,
mit Wut und Groll aufs Amt zu Üblich.
Erzählt dem Öko vom Malheur,
bestand darauf, die Axt muss her!
Meiers Baum sei unzumutbar.
Für Leib und Leben 'ne Gefahr.
Der würde ihm die Gesundheit rauben.
Das könne der Üblich ihm ruhig glauben.

*„Bäume spenden frische Luft, Vogelgesang und*
*Blütenduft. Das kann doch nicht schädlich sein",*
warf Öko ein.

Schmitt wüsste das zu schätzen,
von Bäume an fernen Plätzen.
Doch Meiers Baum sei krank, er lebe nicht mehr lang.
Er hätte schon dürre Äste.
Abhacken sei das Beste.

Lange Rede kurzer Sinn, Üblich ging mit Schmitt,
zu Meiers bösem Baume hin und sagte:
*„Der Baum ist kerngesund,*
*zum Fällen gibt es keinen Grund.*
*Nur weil sie, Schmitt, da spritzen,*
*hat der Baum die braunen Spitzen.*
*Laut Baumschutzverordnung ist das eine*
*Strafbare Handlung.*
*Und wenn sie das nicht lassen,*
*bitte ich Sie zur Kasse.“*
Da war der Schmitt geschockt!
Doch war der Fall gestoppt?
Nein, denn heimlich reift in Schmitt ein Plan,
ein Todesstoß will er setzen, am Baume untenan!
So wollte er's dem Baume geben,
lange sollte der dann nicht mehr leben.

Der Schmitt verlängerte die Mauer.
Der Meier war darauf ganz sauer.
Fürs Fundament der Graben
führte beim Baume zu großem Saden.
Seine Wurzeln waren abgehackt.
Das Wasser war ihm abgezwackt.
So was überlebt dann kaum,
ein noch so starker Meier-Baum.
Und mit lautem Schelten,
tat Meier es dem Üblich melden.

Doch Üblich meinte: *„Der Baum bleibt fit,*
*wir machen ein Entlastungsschnitt.*

*Wir kürzen die Äste, die reichen zu weit*
*hinüber auf Schmittens Seit".*

Heftig hat es Schmitt gestört,
als er Üblichs Rat gehört.
*„Der Meier kommt mir nicht auf den Grund.*
*Dann hetze ich auf ihn mein Hund."*
Entgegnete Schmitt in barschem Ton
und jagte den Öko gradewegs davon.
Trotz Schmittens bösem Wille,
wurd's um den Baum dann stille.
Und in den Frühlings-Wochen,
wurden ein paar Äste trocken.
Frau Schmitt lag in der Wiese
und wollte die Sonne genießen.
Bis des Maienlüftchens Hauch,
erfasste des Meiers Baum und Strauch.
Ein Windchen zupfte gar mit sanfter Kraft,
an einem dürren Meier-Ast.
Da fiel der mit Gepolter,
auf Frau Schmitts nackte, zarte Schulter.

Frau Schmitt schüttelte den Kopf
und sagte ihr Mann sei ein feiger Tropf.
Beschimpfte auch den Meier von nebenan,
wie man nur so stur sein kann.
Prügeln wolle sie beide rauf und runter,
doch könne sie das jetzt nicht,
mit der verletzten Schulter.

Die beiden Männer wären Narren.
Spannten Öko Üblich unnütz vor ihre Karren.
Sie brächten den Mann in Bedrängnis.
Und der drohe ihnen am Ende noch mit Gefängnis.
Es wäre längst an der Zeit
zu beenden den Nachbarstreit.
Falsch wäre es jahrelang zu warten,
den Zwist um Baum und Garten,
brüderlich bei Bier und Wurst zu begraben!

# Die Brandschatzung

Erbte ein armer Bauer, namens Alois Schlauer,
von der geizigen Tant', endlich ein Stück Land.
Doch welches Kreutz mit dieser Wies,
Hecken und Unkraut dort meterhoch sprieß.
Schon nach kurzer Dauer dachte fix der Schlauer:
*„Papalapap, das brenn ich einfach ab!"*
Im Eifer unterdessen hatte er die Zeit vergessen.
Wissen es doch gar die Kinder,
Wiesen darf man nur brennen im Herbst und Winter.
Schlauer wollte aber nach dem Märzen
die geerbte Wiese schwärzen.
Gerade noch vor der Missetat
stand Üblich an dem Ort parat.
Und mit langem Vortrag
hatte er dem Bauern den Brand versagt.

Wegen Käfern, Mäusen und Vögeln
durfte Schlauer das Feld nicht veröden.
Da half kein Hinweis auf die Tante,
nicht auf Arbeit und faule Anverwandte.

Zur Kenntnis nehmen musste es der Bauer,
fluchend und auf den Öko sauer.
Über den Erfolg ganz glücklich,
war allein nur der Üblich.
Doch, oh Schreck, am andern End
sah er dass die Wiese brennt!
Gott sei Dank von weitem her,
kam auch schon die Feuerwehr.
Üblich hastet durchs Gestrüpp,
das ihm arg das Fell zerpflückt.
Er stauchte sich den rechten Knöchel,
und rang nach Luft mit Fluchgeröchel.
Keuchend stand er ohne Ton
gegenüber seinem Sohn.
Hatte doch dieser unbegründet
das Biotop von Bauer Schlauer –
angezündet!

# Rad und Tat

Nicht auf des Schusters Rappen,
nein, auf Gesäßes Backen,
holt sich Öko die Schwielen.
Er tut es durch Strampeln erzielen.

So fährt er Tag aus Tag ein
zur Arbeit und wieder heim.
Auf einem Esel aus Draht,
in waghalsiger Fahrt.
Schlängelt sich durch Autogassen.
Fährt falsch durch Einbahnstraßen.
Tut Blechkutschen absolut hassen.
Inhaliert deren Abgase.
Macht laufend 'ne Fahrraddemo.
Erhebt zum Straßenbau sein Veto.
Protestiert, aktiviert, signalisiert,
dass Radwege werden saniert.

Weg mit den Benzinkisten.
Die die Luft vergiften.
Und sich auf Radwegen einnisten.
Freie Fahrt für Bicyclisten!

*„Doch was ist mit den Lastern,*
*die Kartoffeln bringen, Fleisch und Bierkasten?*
*müssten wir ohne sie denn nicht fasten?"*
fragte seine Frau sich herantastend.

*„Liebchen, das ist kein Problem,*
*mit dem Rad geht das bequem.*
*Große Sachen trägt man im Gehen,*
*das klappt schon, du wirst sehen.*

*Es gibt ja alles um die Ecke,*
*per Rad ist das keine Strecke.*
*Und müsste ich mal Kasten schleppen,*
*Man streckt sich halt nach der Decke".*
*dann werde ich nichtgleich verrecken.*

„Längst haben wir den Schaden.
Um die Ecke gibt's kein Emma-Laden!
Andere Geschäfte gingen auch baden.
Sie starben alle auf Raten."
So jammerte seine Frau
und sagte ihm genau,
am Stadtrand stände ein Bau,
dort könnt er unbenommen,
jeden Bedarf bekommen.

Klammheimlich und verlogen,
fährt er mit eigenen Wagen
zum Supermarkt um Kisten zu holen.
Niemand durfte es erahnen.
Er füllte sich Kasten und die Tasche
Wünschte aber jeden Großmarkt in Sack und Asche,

.

Ganz offiziell verteilte er Discounter-Schelten
und wurde damit zum Demo-Helden.
Er bewegte sich permanent mit Brass
gegenüber allen Autos auf der Straß.
Zur Beschwerde ging er zum Fürsten, dem großen,
mit seinen Fahrradklammern an den Hosen.
Obwohl er in seiner Garage,
auch einen Wagen parkte!

# Verschwendungsbeendung

Letztens in der Abendsendung gab's eine Reportage
über Nahrungsmittelverschwendung.

Vieles landet auf dem Müll,
weil's wegen eines Datums keiner mehr will.
Das spottet jeder Vernunft, denn Armut und Hunger
herrscht am Ort der Nahrungs-Herkunft.
Dort darben die Menschen
doch wir leisten uns das Verschwenden.
Respektlos vergeuden wir die Ressourcen,
die endlichen Güter von morgen.
Unbekümmert feiern wir Runde um Runde
und merken nicht den Teufel im Bunde.

Was hilft Ökos Klagen, wenn alle sagen:

„Wir sind doch nicht dem Schutz der Umwelt
verpflichtet!

Außerdem haben wir dafür einen, der alles richtet!"

43

# Hochspannung

Ein Strom-Versorgungskonzern wollte bauen ein Atomkraftwerk so gern. Seit Jahren behauptet ihr Vorstand SÄCKEL stoisch, die Versorgungslage sei sehr bedrohlich, das Netz bricht zusammen. Dann käme das lichtlose Chaos über uns herein, warnte der Energetiker Tag aus Tag ein. Weil die Nachfrage ungezügelt steigt, erhöhe das auch stetig den Preis. Rohölmangel wäre die Crux. Jetzt kein Kern- oder Kohle-Kraftwerk zu bauen sei paradox, und als Exportnation lebe man schließlich vom Absatzboom. Parallel in allen Programmen weise die Branche längst darauf hin, auf die kommende Panne.

Üblich fragt sich: „Brauchen wir elektrische Bauch-nabelkitzler, oder Teflon-Heißluft-Pfannen von STRIETZLER? Sensorgesteuerte Elektroherde vom asiatischen Ende der Erde? In der Küche elektrische Messer, Stand-by-Geräte und andere Energiefresser?"

Und im nationalen Verschwendungsverbund, schiller-ten die Leuchtreklamen so schön bunt. Versorger und Hersteller waren sich einig, Verbrauchs-Drosselung wäre unverzeihlich. Absatz hieße die Devise, prassen zum Billig-Tarife und dreht die Generatoren auf. Es lebe der Großverbrauch!

So unglaublich es klang, auch das: ‚Musst-du-haben' der Elektro-Branche, uns in die Probleme zwang. Ihr ungezügeltes Verschwendungswerben trug bei zu Engpass und Energieverderben. Da frage man sich: Wer hat wohl die Krise gebracht? Ist sie von der Branche nicht selbst gemacht?

Üblich wollte das Kraftwerk nicht billigen.

Ihm den Bedarf nicht zuwilligen.

*„Lassen wir's auf den Engpass ankommen"*, sagte er zu den Multis unbenommen.

*„Drosseln wir Verbrauch, egalisieren wir die Spitzenlasten, dezentralisieren den Energieverbund.*

*Stellen wir Monopolversorgung auf dezentrale Wind- und Sonnenenergiegewinnung um. Dazu haben wir allen Grund. Nicht einzusehen ist, dass Überschuss mit Verlust von Norden nach Süden fließen muss. Dass wir zuviel Strom rausholen und schicken ihn nach Böhmen und Polen."*

*Da sagte der Monopoldirektor: „Wie kommen Sie mir denn vor, hauen Sie ab und kommen sie nie wieder, wir schlagen ihr Begehren nieder!"*

Und mit dem Argument der Arbeitsplätze sagte er noch folgende Sätze: „Ich verbünde mich mit einem Gewerkschaftsgespann. Gemeinsam knüpfen wir Sie dann auf, an einem Leitungsstrang!"

Glück für mich, dass heute wirklich mal das Netz zusammengebrochen ist und kein Strom drauf ist!

MEHR ENERGIE FÜR ARBEITSPLÄTZE

# Nackt in der Arktis

Üblich reiste nach Spitzbergen per Schiff.
Er glaubte den Klimaprognosen nicht.
Wollt' sich selber überzeugen,
um nötigenfalls einer Katastrophe vorzubeugen.
Gab es doch immer schon mal Warmzeiten.
Da war es in Grönland ganz schön heiß
Und dann wuchs wieder das Eis.
Das Erdklima schwankte immer hin und her.
Zu glauben, dass das jetzt rasender geht, fiel schwer.
Es hieß, dieses Mal wären es nicht die Vulkane,
sondern Kohlendioxid, Schwefel und Methane.
Dabei kam doch manchmal viel Schnee runter.
Ist das ein paradoxes Wunder?
Die Meteorologen behaupteten es läge an der Polerwärmung. Dadurch drehten sich die Luftströmungen um. Biologen und Zoologen sagten das wäre für die Fauna von Verderben. Der Eisbär würde aussterben. In Spitzbergen könne man das schon sehen, dort würde ihm das Schmelzwasser schon bis zur Hüfte stehen.

Als Öko Üblich einen durchnässten Bären sah,
war für ihn die Sache klar:
Nur eine Ursache kommt in Betracht:
dieses Mal ist die Überhitzung menschengemacht!
Drum sagte er zu dem Bär:
„Bruno, komm, wir fahren zur UNO,
Dort kannst Du dich beklagen
und deine Bärenrechte einklagen."
In New York schreckte die Security zurück.
In der Vollversammlung waren sie ganz verblüfft.
Bruno brüllte ins Auditorium: *„Wann setzt ihr endlich das Klimaabkommen von Kyoto um? Mir werden die Robben knapp! Ich saufe bald ab!"*

Da sprach der Präsident: „*Aber Herr Eisbär, Sie heißen ja nicht Ursus glazialis, sondern Ursus maritimus, da bin ich mir gewiss!*

*Also gehören Sie doch nicht ins Eis, sondern ins Meer, d. h. ins Wasser! Und dort werden Sie nun halt mal nasser!"*

Da schlug Bruno mit der Pranke, im Hohen Hause auf die Planke. Er brummte: „*Ich werde solange hier bleiben, bis sie alle unterschreiben!*

*Und nicht vergessen, der, der sich weigert, den werde ich auffressen!"*

(Übrigens, es tun sich immer noch welche schwer mit dem Unterschreiben, deshalb muss der Bär noch eine Weile dort bleiben.)

# Der Apfel-Appell

Da halte ich einen Apfel in der Hand.
Möchte wissen, wo kommt er her,
aus welchem Land?

Gekauft habe ich ihn im Supermarkt.
Ob er mir was über seine Herkunft sagt?

Bekannt ist mir nur seine Rasse.
Er ist grün und 1a Klasse.

Ist fleckenlos und billig im Preise,
doch erzählt er nichts über seine Reise.

Kommt er aus Deutschland, Europa,
oder fern aus Afrika?

Ich blicke den Apfel fragend an,
ob sein Verkäufer es mir sagen kann?

Der Apfel bleibt stumm und verschlossen,
Wo hat er nur Luft, Sonne und Wasser genossen?

Ich folge seiner Herkunft in Gedanken.
Welches Flugzeug oder Schiff ließ ihn hier landen?

Schon sehe ich ihn in Südtirol am Baum,
und dann in Florida im Traum.

Ich fand mich wieder in einem Blumengarten,
gemeinsam mit Äpfeln in der Sonne baden.

Es hüllte mich ein süßlicher Duft,
bis plötzlich jemand: *„Pestizideinsatz"* ruft.

Und schon begann ich zu husten und zu laufen,
weil „gesunde" Äpfel chemische Duschen brauchen.

Da war ich schnell zurück von der Reise.
Doch in den Apfel konnte ich nicht mehr beißen!

Weil er ohne Wurm durch die Wachsschicht lacht,
nährt ,s den Verdacht,
dass alleine das Gift ihn strahlend macht!

# Ernährung auf Bewährung

Dioxin, BSE, SARS, das Zeug ist nicht nur im Gras,

sondern auch im Fleisch! Maden im Fisch, bekommen wir auch auf den Tisch. Eier mit Salmonellen, kommen aus den Ställen, von Hühnern, völlig nackten. Aus DIN A 4-Käfigen – verkackten.

Brust vom Truthahn-Puter, zum Platzen aufgeplustert.

Thunfisch aus dem Meer, doch da schwimmt keiner mehr. Und jeder das Schwein kennt, das vollgestopft ist mit Medikament!

Die Medien berichten unzählige Mal, von einem neuen Lebensmittelskandal! Was bleibt Öko Üblich da noch übrig? Das alles ekelt ihn sehr, lieber bezahlt er mehr

für Hühnereier aus Bodenhaltung und Suhlen für schweinische Lebensgestaltung.

Mehr Biologie in der Ernährung von Rind und Federvieh. Keinen Thunfisch im Netz, dank scharfem Fischerei-Gesetz.

Keine Verhütungspillen und Stressbefreier,
in Gewässer und Weiher.
Er entscheidet sich für die Freilandsau,
Für Korn aus biologischem Anbau.
Konsequent für giftfreie Ernährung.
Für chemiefreie Brotteig-Gärung.

Milch und Käse von der Blumenwiese.

Bananen, nur von Genossenschafts-Plantagen.

Kein Kaffee aus der Urwaldrodung.

Denn das bringt Gorillas und Schimpansen um.

Und aus China sollen die Hemden auch nicht sein.

Deren Textilgifte ziehen in die Haut ein.

Jahrelang übte er so Umweltschutz am eigenen
Körper.
Doch hat das seine Gesundheit gefördert?
Konnte man den Bauern, die biologisch anbauen,
auch blindlings vertrauen?
Gab es da nicht Gerüchte über Betrug?
Jetzt hatte Öko Üblich endlich genug.
Er machte einen Gesundheits-Check.
Bei dem wissenschaftlichen Test stellte man keine
gesundheitlichen Auffälligkeiten fest.
Doch haben die Doktoren auch Recht?

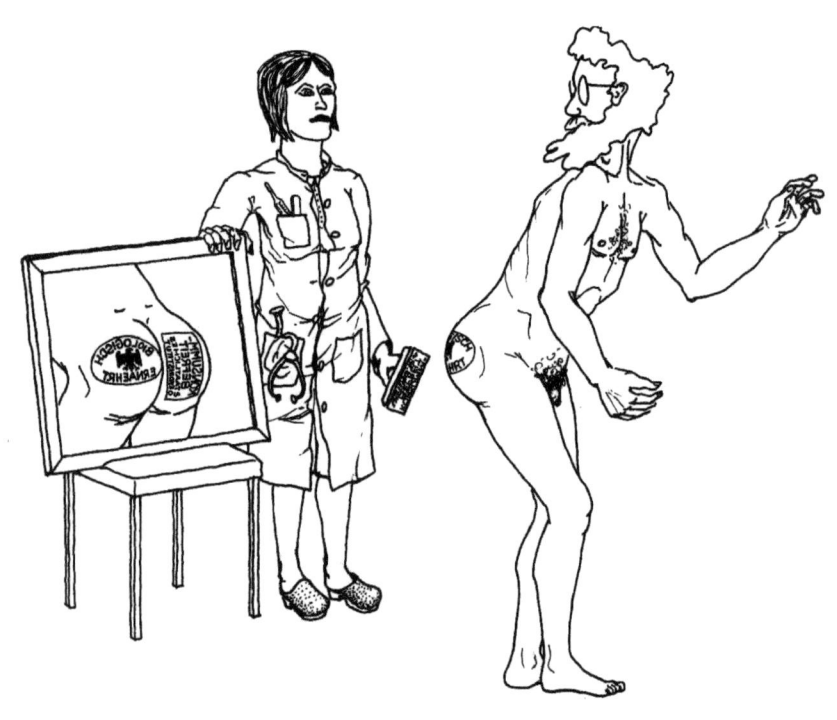

# Troja in der Altstadt

Die Stadt schreit nach Sanierung.
Nach Mietshaus- und Hinterhof-Planierung.
Nach Fuß-, Rad- und Busweg-Markierung.
Und schnellster Denkmal-Konservierung.
Nach Fußgänger-Zonen.
Nach Kultur-Investitionen.
Fassaden-Begrünungsaktionen,
Erhaltung alter Traditionen.
Gutachter es an den Tag brachten.
Professoren die Lösungen erdachten.
Ämter bunte Pläne machten.
Bürger alles staunend betrachten.
Bestandsplan, Konfliktplan,
Strukturplan, Alternativplan,
Sanierungsplan, Begrünungsplan,
Haushaltsplan und Ausführungsplan.
In konsequenter Haltung,
gegen jede Kommerzentfaltung.
Endlich bürgerliche Entfaltung,
in Zusammenarbeit mit der Verwaltung.
Hinterhöfe mit mehr Luft.
Neue Toiletten ohne Geruch.
Keine Gassen mehr mit Puffs.
Keine Spelunken mehr zum Suff!
Gegen PKWs und Laster.
Mit Schneisen durchs Straßenraster.
Bäume gesetzt ins Verbundsteinpflaster.
Streng nach Immissionskataster.
Weg mit Holzbuden unversehens.
Zu Gunsten neuer Plexiglas-Ideen:
Baut Poller- und Kübel-Alleen,
so wie in Katalogen gesehen.
Raus mit Treppen und dunklen Gängen.

Badeinbau, Wanddurchbruch und Decke abhängen
Wohnwertsteigerung nach Subventionszwängen,
führen langsam zum sozialen Verdrängen.
Das Quartier verwandelte sein Gesicht.
Vergessene Gassen gleißten im Licht.
Alles sauber, modern, neu aufgefrischt.
Doch das trojanische Pferd erkennt man nicht!
Städtische Gehwegliegenschaften
wurden an Imbissbudenhändler verpachtet,
die schon nach Hamburgerverkauf trachten.
Pachtzins lässt halt Sanierungsziele missachten!
Und in den Nobelcafés und Boutiquen,
lässt sich kein Normalbürger blicken.

Höchstens die COSTA  NOSTRA beim
Scheinchenzücken.

Und im Staffel-Lauf wechselten die Konkurslücken.

Und nach Bankrotten ohne Ende,
etablieren sich Spielsalons dort behände.
Teilen sich Discos und Peepshows die Wände.
Erobern Sex- und Video-Bars das Gelände.
Alles Vertraute und alte Bekannte,
Nachbarschaften, die man verbannte,
wurden per Sanierung ersetzt.
Dank dem Städtebauförderungsgesetz.
Es ist eine Schande!

## Die Schlacht um Brust und Wurst

Meint Herr Mauschel, der Metzger:
*„Noch 'n Stand, das wär dann mein letzter.*
*Dann hab ich einen an jeder Ecke.*
*Das bringt jede Konkurrenz zur Strecke."*
So stellte er die Bude ohne Genehmigung
in gewinnträchtige Altstadtumgebung.
Schon brutzelten die Würste, stillte Bier die Dürste.

Appetitlich erfüllen die Düfte, als Schwaden die Lüfte.

Es klingelt die Kasse, der Standort ist Klasse!

So kommt es, dass die Schwaden
in die Peepshow geraten.
Sofort begab sich deren Besitzer Geldmann
mit einem Peep-Girl im Gespann
mit heißer Beschwerde
zu Üblichs Behörde.
Er drängte Öko mit Gesten,
den Geruch am Girl zu testen.
Rochen da nicht Po und Brüstchen
nach gebratenen Würstchen?
Und sexy Fleisch mit Schwadenduft
sehnlichst nach Ökos Hilfe ruft.

Gibt's Geruchsschutz für wehrlose Nackte?

Schnell suchte Üblich nach der Grillbudenakte.
Wollte prüfen sofort, ob die Braterei genehmigt sei dort?

Sie war es nicht! Also: Üblich, walte deiner Pflicht!

Samt Girl auf kurzem Wege,
stellte er den Metzger Mauschel zu Rede.
Der sagte scheinbar dumm,

er hätte doch eine Genehmigung.
Die Miete an das Amt für Liegenschaften
sei als Legitimation zu betrachten.
Darauf musste ihn Öko belehren,
städtebaulich und ästhetisch seien zu bewerten
die Emissionen und die Lage der Bude im Raum
sowie die Gefährdung von Mensch und Baum.
All das sei zu prüfen und zu betrachten.
Das Baugesetz sei strikt zu beachten.
Flugs kam Nachbar Geldmann unterdessen.
Forderte nochmal Schutz für nackte Interessen.
Ärgerlich sagte Mauschel der Metzger:
*„Du hast's gerade nötig, mein Bester!*
*Deine Bars und Shows an jeder Ecke*
*bringen den guten Ruf der Stadt zur Strecke!*
*Überall Kunststoff-Pos und Neon-Busen,*
*da geht doch jedes Stadtbild in die Hose!*
*Doch mit meinen Würstchen,*
*nicht mit Deinen Damen,*
*werben Städte mit ihrem Namen.*
*So Frankfurt, Wien und Nürnberg.*
*Dagegen ist kein Girl was wert."*
Da gab ihm Öko Üblich zwar Recht,
doch Bar und Bude wären beide schlecht.
Zuviel davon in der Altstadtmitte
verderben Bild, Moral und Sitte.
Die Stadt verliere ihr Gesicht,
zuviel Senf und Sex vertrage sie nicht.
Wie konnte er es wagen!
Gewerbe-Steuerzahler so anzuklagen!
Das machten die nicht mit!
In der Sorge um Profit
formierten sie zur Reibachfront
und verprügelten den Öko prompt.

Keifend schwang da das Girl die Brüste.
Und der Metzger warf mit heißen Würsten.
Üblich zog daraus die Lehren:
Mündige Bürger wissen sich zu wehren,
wenn's ums Geld geht, sind sie ein Verein,
einig – trotz Geruch nach Schwein

# Praktische Weiterbildung

Früh schon am Behördenmorgen
kam ein Mann mit großen Sorgen.
Für Üblich war er ein alter Bekannter,
Gottlob war's kein Freund und Anverwandter.
Die kommen nämlich meist mit Interessen,
um für Dritte etwas zu erpressen!
Nein, mit einem Bückling freundlich,
entschuldigte sich hochnotpeinlich,
Herr Geldmann, vom Peepshow-Syndikat der Boss,
der Ökos höchste Missachtung genoss.
Er wolle sich befreien von der Last,
die er nun trage seit der Schlacht
um Metzger Mauschel's Würste
und wegen der entblößten Brüste.
Üblich hätte im Grunde ja Recht,
ins Stadtbild passten Buden ganz schlecht.
Ob dieses Geschwafels verdrießlich,
sagte Üblich: „Kommen Sie zu Sache schließlich."
Er ahnte, in schmieriger Rede versteckt,
plant der Sexboss ein neues Porno-Projekt.
In Worten zögernd und verlegen,
buhlte Geldmann um Üblichs Segen,
für sein allerletztes Etablissement,
danach wäre der Bedarf am End.
Versteinert, völlig unbewegt,
hörte Öko, was der Mann begehrt:
„In der Altstadt um die Ecke,
blieb 'ne Kneipe auf der Strecke.
Um das Gasthaus ist's nicht schad,
da gibt's bessre in dieser Art.
Boutiquen und Nobelkneipen,
tun auch nur die Bewohner vertreiben.
Mietwucher und Kommerzialisierung

*sind doch Feinde der Altstadtsanierung.*
*Dahinter steckt doch ein Maffiageflecht.*
*Darin geben Sie mir doch Recht?*
*Dagegen sind doch meine Investitionen*
*Dinge, die sich städtebaulich lohnen."*
Jetzt musste Öko den Peep-Protz doch stoppen.
Von dem Typ ließ er sich nicht foppen.
Er brachte Klarheit in die Lage
mit der präzisen Frage,
wieso denn das Gewerbe der Peeperei
sanierungsfreundlicher sei.
*„Sehen Sie, das Haus steht leer.*
*Als Baudenkmal leidet es sehr.*
*Mit einem Denkmalpflegezuschuss*
*bringe ich den Laden nochmal in Schuss.*
*Im Parterre nur ein größeres Fensterelement,*
*das reicht schon für mein Etablissement.*
*Oben bleibt alles beim Alten,*
*da können meine Damen dann schalten und walten.*
*An der Fassade bisschen Rot im Transparent,*
*damit man auch das Haus der Freude erkennt."*
Mit Erschrecken dachte Üblich,
so eine „Sanierung" wäre tödlich!
Diesen Eingriff musste er verhindern,
das würde alles nur verschlimmern.
Die Moral verschlingt vom Kommerz!
Sauberen Sex gibt's nur im Scherz.
Ausnutzung von Girls und Frauen
gälte es schleunigst abzubauen.
Doch mit unschuldigem Gesicht
gab Herr Geldmann zu Bericht:
*„ Moral fördere ich in hohem Maße,*
*ich schicke keine auf die Straße!*
*Ganz diskret in rot gedunkelten Räumen*
*erfüllen meine Mädchen Männer-Träume.*

*Das Gewerbe macht auch keinen Staub oder Lärm.*
*Und das sieht man als Umweltschützer doch gern.*
*Auch meine Spielsalons betreibe ich zu kleinen*
*Preisen.*
*Und Sex-Shows nur für reife Greise.*
*Genau so sittlich, friedlich und sozial*
*ist dann auch mein neues Strip-Lokal."*
Öko aber glaubte das nicht.
Skepsis stand ihm im Gesicht.
Da sah Geldmann seine letzte Chance,
in der Sue, mit einer Haut wie Bronze:
*„Lieber Herr Üblich, es wäre das Beste,*
*ich lade Sie ein mein Haus zu testen.*
*Ich arrangier' sofort fernmündlich,*
*einen Besuch ganz unverbindlich."*
Ökos Wissen ließ Branchen-Praxis vermissen.
Viel verbarg sich für ihn hinter roten Kulissen.
Einmal zu sehen, wie die Dinge wirklich gehen,
das wäre doch schön!
Üblich sagte zu dem Betreiber der Bar:
*„Ja, stellen wir die Dinge klar!"*

Und in einem Chrom-Geschoss fuhr der Üblich mit
dem Boss zum Lokal „Die rote Lampe",

das er nur von außen kannte.
Hier in Plüsch und dumpfem Licht,
waren keine Immissionen in Sicht.
Mädchen lächelten überall,
litten anscheinend keine Qual.
Dann trat die Sue ihm gegenüber.
Öko dachte: *„Bleib cool, jetzt nur kein Fieber!*
*Sei pflichtbewusst und ohne Bange.*
*Halt dem Umweltschutz die Stange!"*
Ganz in Ruhe unterdessen,

tat er das Objekt vermessen.
Prüfte alle Dimensionen,
Geruch  und Strahlungs-Emissionen.
Am Ende kam er zu dem Schluss,
der Umweltschutz sei außen vor,
das sei ein Fall fürs Kultur- Ressort!

# Ökologischer Bauzyklus

*„Öko Üblich, du bist kräftig,*
*baust dir ein Haus, das wäre doch prächtig."*
Sagte ein bekannter Biotekt,
den selber keine Arbeit schreckt

*„Erst prüfst du mit der Wünschelrut,*
*ist der Bauplatz auch trocken und gut."*
(Ich kann doch nicht wählen, der hat Humor,
wo ich hinbaue, schlägt doch der Bebauungsplan vor!)

*„Für die Decken nimmst du selbstverständlich Eichen-*
*Balken. Alles andere solltest du auch mit Holz*
*gestalten.*

(Aber aus welchem Wald soll ich das Holz holen. Ich
bin doch für Baumschutz von hier bis Polen!)

*„Füllst dann die Wände mit Lehm oder Ton, das schafft prima Raumklima, mein Sohn."*

(Wo soll ich denn den Lehm nur hernehmen? Etwa aus Rieden, Brüchen und Seen?)

*„ Mischt den Lehm mit Stroh und Rohr, damit ebnest du auch Boden und Flur. Das ist eh besser als PVC."*

(Ach ja, wenn ich dann schneide das Rohr, kommt auch der Lehm hervor. Aber dann zerstöre ich ja

die Biotope! Das wär ein Verbrechen! Wo bleiben dann Vögel und Frösche?)

*„ Gegen die Kälte isolierst du mit der Wolle vom Schaf
oder strickst dir einen Pullover bei Bedarf."*

(Wo sollen die Schafe denn grasen? Wir haben doch
nur noch Steppen und Straßen!)

*„Imprägnieren kannst du Balken, Bretter und Dielen
mit Pflanzensäften und Honig von den Bienen."*

(Tonnenweise Honig? Das klappt doch nie! Es fehlen
die Rohstoffquellen für diese Imprägnierstoff-
Industrie!)

*„Brombeeren und Wein lässt du über dein Haus ranken. Sie werden es dir mit Schatten und Vitaminen danken.“*

(Schön und gut, doch schadet es nicht dem Haus? Und wo schaut meine Frau durchs freie Fenster hinaus?)

*„Die Fäkalien klärst du mit Teich im eigenen Garten.*

*In dem gedüngten Wasser gedeihen auch kräftige Karpfen.“*

(Ganz ohne Gestank? Das wäre ein Kunststück! Und wo denn auf dem kleinen Grundstück?)

*Im Gegensatz zum Fleisch vom Schwein ist Hammel
gesund und rein.*

> *Wenn du das isst, bist du wieder kräftig,*
> *Baust dir ein Haus, das wäre doch prächtig.*
> *Erst prüfst du mit der Wünschelrut,*
> *ist der Bauplatz auch trocken und gut.*
> *Für die Decken nimmst du...........*"
> ( etc, p. p. p.)

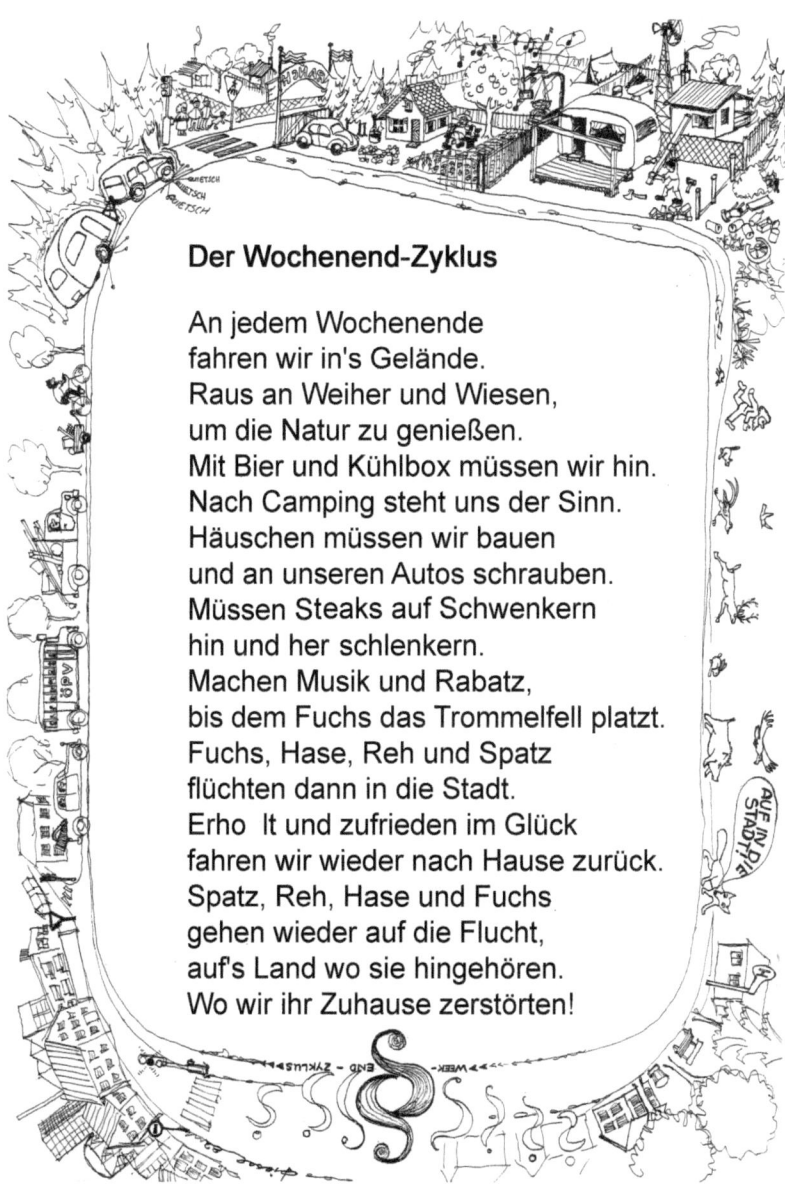

## Der Wochenend-Zyklus

An jedem Wochenende
fahren wir in's Gelände.
Raus an Weiher und Wiesen,
um die Natur zu genießen.
Mit Bier und Kühlbox müssen wir hin.
Nach Camping steht uns der Sinn.
Häuschen müssen wir bauen
und an unseren Autos schrauben.
Müssen Steaks auf Schwenkern
hin und her schlenkern.
Machen Musik und Rabatz,
bis dem Fuchs das Trommelfell platzt.
Fuchs, Hase, Reh und Spatz
flüchten dann in die Stadt.
Erho lt und zufrieden im Glück
fahren wir wieder nach Hause zurück.
Spatz, Reh, Hase und Fuchs
gehen wieder auf die Flucht,
auf's Land wo sie hingehören.
Wo wir ihr Zuhause zerstörten!

# Hasengespräche

Öko Üblich beging eine Indiskretion mit einem
Abhörmikrofon. Er tat die Amtsstube tauschen und
in der Feldflur Gespräche belauschen. Es geschah
nach Feierabend, freitags gegen vier, draußen im
Hasen-Revier. Dort hörte er den Fuchs zum Hasen
sagen:

„Sei bereit, es ist soweit, sie blockieren schon die
Ausfallstraßen. Kommt der erste Bus oder jemand zu
Fuß, wird zum Aufbruch geblasen. Alles Viehzeug
samt Raben sollen sich aus den Büschen schlagen."

Der Hase Mümmel Lampe sagte ganz bange: „Ich
mache das aber nicht mehr lange, denn irgendwann
habe ich es satt, jeden Freitag dieses Gerauf mit dem
Volkslauf in die Stadt! Für mich ist der Zirkus
wahrhaft kein Genuss! Danach bin ich immer
schachmatt. Hoffentlich verläuft der Exodus heute
ohne Verdruss sauber und glatt!"

Doch seine Frau Minne warf ein mit gehobener
Stimme: „Hm-, da meine ich, es hat auch was für
sich, in der Stadt finde ich es fein. Dort haben Ruhe
die Kinder vor ihnen Herr Fuchs, sie alter Sünder.
Dort lassen Sie das Morden sein. Ich meinte ja schon
immer, wir beziehen am besten ein Zimmer im
städtischen Westen. Dort gibt es auch Rasen-Futter
vom Besten."

Mümmel meinte jetzt: „Aber Minne, halt bitte inne
mit dem Geschwätz! Sind montags die Menschen
zurück, ist's aus mit dem Glück. Ist für Hasen auf
Vorgarten-Rasen kein Platz. Vielleicht holt dort die
Kleinen auch nicht der Fuchs, sondern ratz-fatz
Meiers Katz. Und verstecken wir unsere Kinder dort
nicht auch immer, ängstlich wegen der Hundehatz?"

Der Fuchs tat raten: „Tja, ihr Hasen seid angewiesen auf hundefreien Rasen, das ist euer Problem. Füchse sind flexibel, lang nicht so penibel, finden das Stadtleben sehr bequem. Für mich ist dort stets gedeckt ein reichhaltiger Tisch. Das ist sehr schön. Ich brauche nicht mehr gebückt durch Dornengestrüpp auf die Jagd zu gehen.

Auch Keiler Eberhard träumt unterdessen grunzend und versonnen von Delikatessen und üppigem Fressen aus vollen Mülltonnen. Sogar Familie Reh, will wegen den saftigen Vorgärten mitkommen. Wenn ihr ängstlichen Hasen es nicht wagen wollt, dann bleibt euch das unbenommen."

    Zaudernd meinte Lampe: „Es war ja bislang eine Notgemeinschaft, die uns mit dir, Fuchs, zwangsläufig, und unter Druck häufig hat zusammengebracht. Solange du nicht tust beeiden, Mord zu vermeiden, pfeife ich auf deine Gesellschaft. Erst müsstest du, Fuchs, den vegetarischen Eid schwören, und das mit allen Vieren!"

„Aber lieber Lampe, sei doch nicht bange, in der Stadt leben wir in einer friedlichen Welt. Du hast mein Wort, dass ein jeder dort sein Verhalten umstellt. Für alle Zeiten werden wir den Heckenkrieg meiden. Er wird dauerhaft abgestellt. Wir machen es wie die Menschen, bei denen jedes Leben zählt.

Ob Fuchs ob Has, egal, dann ist es alle Mal vorbei mit der Barbarei. Alle Tiere sind dann gleichwertig, stimmberechtigt und meinungsfrei. Der Kampf um Frieden in den hintersten Wiesenflecken ist vorbei. Vergangenheit ist dann auch die Flucht vor der wöchentlichen Landbesetzerei."

„Ach Fuchs, ich gebe dir ja Recht. Denk ich nur an die Lärmplage, die schlaflosen Tage, in meinem geliebten Nest. Stets stolpere ich über leere Büchsen und verfang mich beim Flüchten im Drahtgeflecht. Ich muss auch klagen über Krämpfe im Magen, denn das Gras ist vergammelt und schlecht. Ich schneide mir die Pfoten an Flaschen und kämpfe mit Plastiktaschen. Wir sind ein armes Hasengeschlecht!"

Doch abrupt war in der grünen Au die Unterhaltung von Fuchs, Hase und Sau zu Ende. Es stoben BMXer, Jogger, Surfer und Auto-Rocker durchs Gelände. Scheinheilige Christen, fromme Türken und andere Zivilisten vollzogen die Wende. Mit röhrendem Lauf eroberten sie das Wiesengelände in endlosen Verbänden.

Da pfiff Lampe grell zum vereinbarten Appell und alle Tiere rannten schnell ab und davon. Weil von „Naturfreunden" ohne Vernunft gleich nach Ankunft Gefahren drohen.

In die Stadt rennen sie, das Pelz- und Federvieh, schimpfend, mit Spott und Hohn. Dort sind sie ungestört; man hört keinen Menschen und aus dem Radio keinen Ton.

Doch die Ruhe ist rar! Nur zwei Tage dauert das Schlaraffia. Dann müssen sie wieder raus. Mit Todesangst über die Autobahn hinaus und über die Felder ins eigene Wiesen- oder Heckenhaus.

Und was die Menschenhorde da hat gemacht, das sehen sie noch spät in der Nacht. Das Gras liegt zermalmt. Die Grillstelle qualmt. Es betäubt den Sinn, denn alles stinkt nach Benzin. Als Minne erschüttert schluchzt, denkt Lampe verbittert ob er es nicht doch mal in der Stadt versucht.

Aber als Lampe sich umsah mit Hass und erblickte den Nachlass der zweibeinigen „Zivilisierten", beschloss der Hase zu bleiben und es wie bisher zu treiben. Er wollte die heimatlichen Wiesen wie früher genießen.

Nie mehr wollte er bei Touristenanzeichen aus seinem Baue weichen. Er begann zu philosophieren, die Geologie zu studieren, um die Wiesen zu unterminieren.

Zu Minne, seiner Frau, sagte er: „Der Fuchs ist mörderschlau. Diesem friedensverbalen Fortschritts-Missionaren ist nicht zu trauen. Dieser falsche Agent zieht uns das Fell aus wie ein Hemd. Da bleib ich hier in Wind und Wetter. Bleib lieber bei meinen Hasengöttern. Hier will ich selber schauen, ob ich mit Fallgruben und Dornenverhauen gegen Menschen kann Barrikaden bauen!"

*Minni, stell den Möhrensaft kalt, wir haben wieder einen Einbruch mit Achsbruch!*

71

# Nimrod gelobt

Öko Üblich war zum Geburtstag
des Waidmanns Nimrod eingeladen.
Dort tat man gerade den Speiseplan beraten, da hörte
er den Jäger sagen:

*„Schau liebe Frau, zum Feste werde ich einen Hasen
jagen, das wäre das Beste.*

*Ich freue mich schon auf den duftenden Braten!"*

Ohne Umschweif ging Nimrod ins Feldgewann
und pirschte sich beutelüstern an das Jagdwild ran.

Und zwar genau in der Wiese,
wo Mümmel dachte, da herrsche jetzt Frieden.
Allen Hasen wurde die Britsche klamm.
Und die Häsin Minne flüstert:
*„Oh Gott, der Sensenmann!"*
Die Taschen voller Blei, die Säcke voller Schrot,
galt Nimrod als der gefürchtete Hasentod.
Schnell versteckten sich die Hasen in der Wiese,
kreidebleich gelähmt in Todes-Krise.
*„So kann das nicht weitergehen"*, sprach Minne.
*„Du musst was tun. Musst das Meucheln
unterbinden."*

*Mümmel Lampe sprach: „Ich melde die Gefährdung durch diesen Lümmel unserem Arbeitkreis.*

*Der wird eine Lösung finden.“*

Und Langohr, Chef der Hasenrunde, verkündete: *„Sühne für die Pein! Rache muss sein.*

*Noch in dieser Stunde!“*

Einstimmig war die Lösung gefunden: „Schachten wir eine Falle, einsfünfzig tief bis zum Grunde.“

Beschlossen war der Grubenbau, fix gescharrt die Gruft. Und obenauf getarnt mit Gras und Laub.

Danach duckten sich die Grubengräber in einen Brombeerstrauch.

Gebückt kam da der Jäger, und nach dem letzten Schritte fiel er nach vorne auf des Bauches Mitte!

Plumps war er in der Falle der Hasen verschwunden und fiel zum Boden, bis ganz nach unten.

73

Mümmel, der Hase, hatte ihn gefunden.
Er sah Nimrods Kopf im feuchten Grase
mit Blut an der Nase.
Da jubilierten sie in den Brombeerhecken
und unterirdischen Verstecken.
Und Langohr, der Weise aus dem Arbeitskreise,
sagte: „*Zu Ende mit der Plage,
jetzt machen wir ein Festgelage!*"

Dem Jäger kam das Frieren. Sollte er denn in diesem
nassen Grabe darben und am End krepieren?

War er doch losgegangen um einen Hasen zu fangen,
einen Braten zu besorgen zum Geburtstagsfeste.
Nun sitzt er da gefangen, im feuchten Loch verborgen
und zu Hause warten die Gäste!

Am Körper bebend, fürchtet er um sein Leben.
Es graut ihm vor dem Tod.
In Not und kaltem Schweiße fleht er leise:
*„Erbarmen, liebe Hasen, ich bitte um Befreiung aus*
*diesem Kerker."*

Da sagte Mümmel gelassen:
*„Bitte um Verzeihung, du übler Hasenmörder,*
*erst dann wirst du entlassen!"*
Und zur Rettung vor dem Tod
gelobte der Waidmann Nimrod:
*„Allzeit Frieden will ich schwören,*
*ich werd euch nicht mehr töten,*
*ihr müsst mich nur erhören.*
*Ich spende auch tausend Möhren*
*und vernichte alle meine Gewehre.*
*Holt mich hier raus, und die Hasenjagd ist aus."*

Nach diesem feierlichen Eide
öffneten die Hasen zufrieden das Gefängnis,
und Nimrod suchte das Weite.
Er rannte nach Haus und machte ein Geständnis:
*„Liebe Frau, verehrte Gäste,*
*entschuldigt das lange Warten,*
*an meinem Geburtsfeste.*
*Ihr musstet so lange warten und nun gibt's nur*
*Salate.*
*Ich wollte euch nämlich verschonen*
*vor einem Hasenbraten voller blauer Bohnen.*
*Denn das Fleisch von wilden Hasen*
*kann der Gesundheit sehr schaden!*
*Zuweilen hat er Blei im Pelz, das schadet der Potenz!*
*Man sollte den Verzehr ganz verbieten,*
*denn Blei macht Männer müde*
*und die Frauen frigide".*
Da riefen alle Damen: „Nimrod, du hat recht geraten,
*wir essen nie mehr vom Hasen ein einz'ges Stück,*
*sonst fehlt im Bett das Glück!"*

76

### Fischeversenken

Kevin und Tjark-Gregor, sitzen am PC-Monitor.
Von Face-Book haben sie heute genug.
Twittern und Mailen, jetzt auch nicht zählen.
*„Was macht ihr?", fragte Üblich.*
*„Spielen natürlich." Sagte Kevin.*
*„ Wir spielen' Fischeversenken, schau doch mal hin."*

Auf dem PC schwammen ein Dutzend Fische,
in blauer See.
Digital programmiert, zum Abschuss präpariert.
Nach Größe und Schnelligkeit sortiert.
Sie drehten imaginäre Runden.
Jeder Treffer brachte Kevin Punkte.
Früher schoss man auf das Moorhuhn.
Schon damals war Öko nicht erfreut über dieses Tun.
Als er sagte: *„Wollt ihr die Tierwelt ausrotten?"*
Taten alle ihn verspotten.
*„Red nicht so'n Scheiß.*
*Dass PC-Spiele zum Töten anregen,*
*dafür gibt es keinen Beweis."*
Üblich halfen die Aussagen der „Roten Listen" in
solchen Diskussionen mitnichten! Also musste er
zusehen wie Kevin der kleine, elektronisch abknallte
Wale und Haie, und damit noch prahlte!

# Flirt im Park

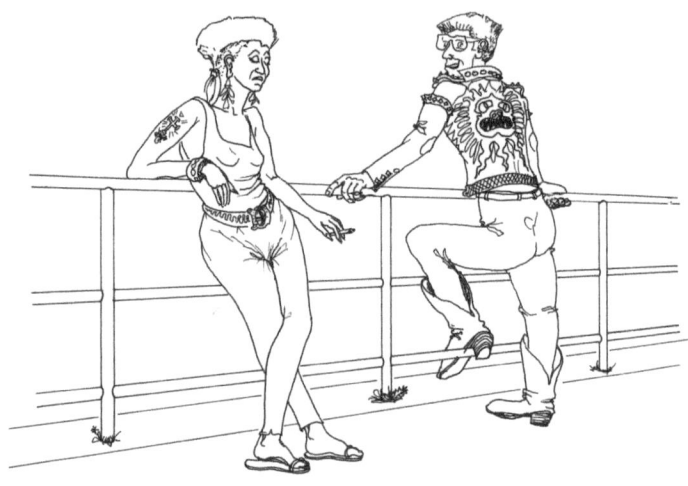

Nach Jahren spazierte Üblich im Park und hörte folgender Unterhaltung zwischen Kevin und einem Girl zu:

Er: „Ohne Macker?"

    Sie: „Ja."

Er: „Bist 'n geiler Typ."
    Sie. „Haste 'n Joint?"
Er: „Im Moment auf'm Trockentrip."
    Sie: „Scheiß langweilig!"
Er. „Haste 'ne Bude?"
    Sie: „Kein Bock auf Bett."
Er: „Nicht jetzt. Später?"
    Sie: „Zeig erst mal, was de drauf hast, Kleenà."
Er: „Hm – gehen wà Fische vergiften im Park?"
    Sie: „Fällt dir sonst nichts ein, du Arsch?"
Er: „Äh, das ist geil. 'Ne heiße Nummer."

    Sie: „Vergiften? Machte Oma schon mangels Lover."
Er: „Aber damals waren es doch Tauben. Heute ist Fischevergiften in. Gehen wà hin?"

Sie: „Ha, Ha, Opa! Geh nach Hause und leg dich aufs Sofa."

78

# Die stinkende Erpressung

Land auf Land ab, in Hüll' und Füll' gibt's den Müll.
Früher wurde er gekippt, in jede Mulde geschippt.
Im kleinsten Kaff ganz ungeniert,
hat man ihn derart eliminiert.
Mal sichtbar als Halde, mal verdeckt im Walde.
Meist in eine Kuhle, in Bachtal und Suhle.
Klagen gab's nie, dann kam die Chemie!
Und in der Kippen Schoße,
sammelte sich giftige Soße.
Zum Himmel stank es penetrant.
Und Brandes Qualm
zog unter der Häuser Walm.

*„So geht das nicht weiter",*
*sagte der verantwortliche Leiter.*
*„Gründen wir einen Verband,*
*dann ist die Misere in richtiger Hand.*
*Zentrale Organisation ist wichtig.*
*Die macht dann alles richtig.*
*Es wird nicht gekleckert, wo kämen wir hin!*
*Es wird geklotzt, auf Großdeponien.*
*Dort wird das Kippen organisiert,*
*und das Einsammeln läuft wie geschmiert.*
*Auf großer, zentraler Halde,*
*dort unten im nutzlosen Walde.*
*Wir machen eine Basisabdichtung,*
*dann läuft die Soße in gewollte Richtung.*
*Auch kein Feuer gibt es dann,*
*wir saugen ab das Methan!*
*Ist nach Jahren alles kalt,*
*pflanzen wir dort einen Erholungswald".*

Fürwahr, das war eine gute Idee.
Alle Gemeinden riefen juchhe.
Ein Abfallbeseitigungsplan entsteht,
und alle Deponiestandorte werden festgelegt.

Mit rationalen, logischen Worten,
erläutert man alle geplanten Standorte.
Abfallaufkommenschwerpunktskapazität,
bestimmt jetzt, wo die neue Kippe entsteht.

Im Fadenkreuz des Tonnage-Fahrtkilometer-Mittels,
fand man das geeignete Geländeviertel.

Den Laien wundert's nicht im Traum,
dieser Punkt lag genau im hoch verdichteten Raum.
Genau dort, wo schon jedmöglicher Dreck
sich seit Jahren schon räkelt und streckt.

Umweltverpestung dort der Hochkonjunktur frönt.
Die Bürger verkraften es, sie sind nicht verwöhnt.
Und weiter ab auf dem Land dachte der Bauer:
*„Jetzt hab ich's hier sauber".*

Der Entsorgungsverband blähte sich auf,
mit Direktoren und Personal zu Hauf.
Flugs steigen die Gebühren im Beitrags-Topf,
denn leben will der Wasserkopf!

Der Verband wurde zur eigenmächtigen Institution,
mit Präsident auf unnahbarem Thron.
Dieser nun deponiewissenschaftlich plant,
seit Neustem auch energetisch verzahnt.

Er heckte aus mit der ENERWASTE ein Komplott
und behauptet es bewahre beide vor dem Bankrott.

Sie gründeten eine
MÜLLBESCHAFFUNGS-HOLDING
Die sollte über Grenzen hinweg den Müll beibringen.
Denn Müll wegwerfen, wo käme man hin,
in ihm steckten wertvolle Energien.
Gemüse, Metall, Holz, Plastik und Erden,
alles ließe sich noch mal verwerten.
Durch Sortieren, Sieben und magnetische Trennung,
mit anschließender Resteverbrennung,
erreiche man enorme Volumenreduzierung.
Das sei auch im Sinne der Regierung.

Der Verbands-Chef hielt deponieren für überholten Quatsch. Er wollte ein Müllheizwerk bauen mitten in der Stadt.

„*Halt*", sagte Öko und die Bürgerinitiative,
„*Da sind zuerst die Abgase am Standort zu prüfen.*"

Umgehend beauftragte der Holding-Abfallbeseitigungspräsident, mehrere unabhängige Gutachter, die er lange schon kennt. Mit akademischem Zinnober und verwirrenden Worten belegten die Professoren an Versammlungsorten die Unbedenklichkeit von Stäuben und Gasen, schwiegen aber über das Zumutbare für Nasen. Sie beschwören mit hypokritischem Eid, alles läge unterm Richtwert, meilenweit.
Auf Öko Üblichs bohrende Fragen, nach dem Stadtbild, konnte niemand was sagen. Auch fragte er nach Geruchsprognosen und Bürger-Akzeptanz ganz geduldig, doch die Antworten blieb man ihm schuldig.
Wie steht's mit Schwermetallen, Fouranen, Schadstoff-Korrelationen, Fragte nach Dioxin, Benzyprenen und Langzeitkontaminationen?

Das wäre alles nicht gravierend, ohne Verdacht. Bei Inbetriebnahme würde am Ort eine Probe gemacht. Zudem könne man ja die Stoffe ausfiltern, und die Erfolge darstellen in graphischen Bildern. Die Immissionswerte überschreiten die gesetzlichen Richtwerte nicht. Filter nach Stand der Technik wären schließlich Pflicht.

Üblich sagte:
*„Das ist Blindheit,*
*das kann man nicht machen.*
*Im Müll stecken viele noch nicht erfasste Sachen.*
*Und der heutige Stand der Technik, mein Bester,*
*ist morgen schon der von gestern!*
*Bei Schadstoffen über die man heute noch nichts weiß,*
*macht ihr euch den Kopf doch noch nicht heiß!*
*Ein Müllheizwerk mit Reinigungsstufe 90% ist euch*
*doch zu teuer,*
*Also baut ihr doch nu reine Dreckschleuder!*
*Keiner weiß was künftig alles im Müll steckt,*
*Und immer gefährlicher wird der Dreck.*
*Politisch gefärbte, lobbyistisch verderbte,*
*von Urvätern geerbte, Richtwerte mit Bärten,*
*sind dann längstüberholte Werte.*
Für Sie waren Zentraldeponieren, auch mal toll.

*Nun sind sie voll!*
*Ich sage, das Beste ist die Müllvermeidung oder das*
*Recycling“*


Da sagte der Präsident:
*„ Genau, das habe ich noch im Sinn.*
*Der Müll aus dem ganzem Lande, mein Sohn,*
*werden wir zunächst lagern auf Deponien.*
*Dazu müssen wir die vorhandenen erhöhen und*
*erweitern. Kurzum in den Wald hinein verbreitern.*

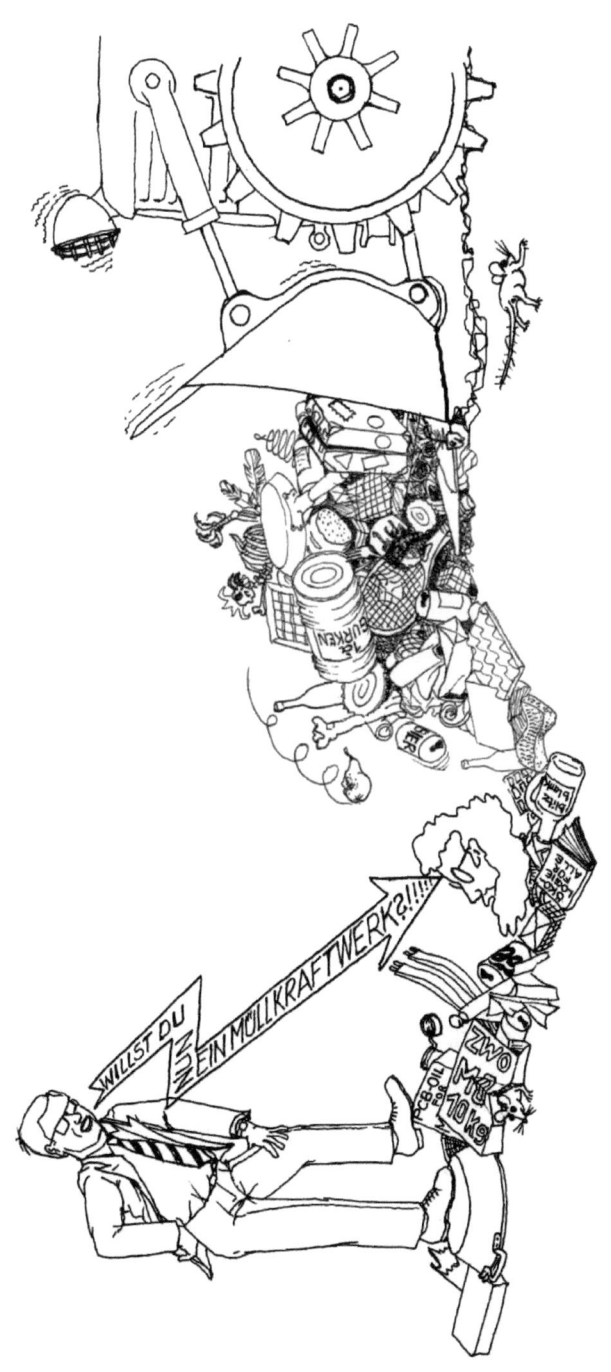

*Deponien brauchen wir als Wertstofflager,*
*und zur Sicherheit gegen Verbrennungsneinsager.*
*Müllvermeidung alleine hat keine Zukunft.*
*Das sagt mir die ökonomische Vernunft.*
*Denn Müllvermeidung macht den Einzugsbereich der*
*Holding zu klein.*
*Unsere Anlagen müssen aber immer ausgelastet sein!*
*Wir brauchen den Müll, aus der ganzen Region.*
*Für die bereitstehende Deponie-*
*und Verbrennungs-Dimension.*
*Deponieren und verbrennen ist Klasse,*
*dabei kommt Geld in die Kasse."*

Nach diesen präsidialen Gedanken, kam Öko Üblichs Logik ins schwanken.
Was will der Präsident denn schließlich am End?
Will er roden im gesetzlich geschützten Walde?
Zum Betreiben einer hundert jährigen Halde?
Macht er mit den Gemeinden einen Abnahmevertrag, der das Liefern von Mindermengen versagt?
Verschließt er die Augen vor den Giften, die durch die Heizwerksfilter driften?
Und öffentlich betreibt er zur gleichen Zeit, Werbung für Müllvermeidung landesweit!
Konzernintern sagt er aber, es würde sich finanziell nicht lohnen.
Zum Verbrennen brauche man den Abfall ganzer Regionen.

Diesen Weg wolle er gehen, schließlich würde die Verbrennungskapazität bereitstehen.

Wird da nicht „Müllschwemmen-Schutz"
zum Geschäft mit Gift und Schmutz?
Zur Sünde auf der Kinder Rücken?
Die dann am Unvermögen ihrer Väter ersticken!

# Gemittelte Richtwerte

(fachchinesische Auslassung!)

Die Luftverschmutzung wird Mensch Tier und Wald noch zum Verhängnis. Für das Feilschen um Richtwerte hat Üblich kein Verständnis. Drum führt er mit dem Luftsachverständigen, Doktor Aerosolus, lange Diskussionen: Wann werden Emissionen zu unschädlichen Immissionen?

Öko will wissen, nach wie viel Millimeter und in welchen Zeiten, sich Emissionen aus Schornsteinen als Immissionen verbreiten.

*„Emittenten produzieren keine Immissionen, sondern nur Emissionen. Immissionen sind vollkommen anonym, möchte ich bestätigen."* Antwortete der technich-physikaliche Sachverständige.

Üblich sagte, es wäre ihm egal wie das Zeug heißt. Er wolle wissen, wo das Zeug bleibt. Der Verursacher müsse zur Kontamination stehen, darum würde es gehen.

*„Das ist nicht egal"*, erklärte der Top-Experte. *„Für beide Situationen gelten nämlich unterschiedliche Richtwerte. Der Emissions-Richtwert in Milligramm pro Kubikmeter und Stunde ist nicht vergleichbar mit dem zeitlosen Immissionswert, im Grunde. Und außerdem weiß man bei einer Immission doch absolut nicht, welche Gase und Stäube anderer Emittenten darin noch vermischt sind. Immissionen denen aber Verschmutzungen anderer Emittenten anhaften, kann man doch nicht dem nächstliegenden Schornstein anlasten."*

Nach dieser Erläuterung erkannte Üblich das Prinzip sofort, Emissionen müssen zu Immissionen werden, am besten direkt noch am Entstehungsort.

Dass aber Immissionswerte nicht auf die Zeit bezogen sind, das fand er unsachlich und realitätsblind. Weil sie die Schadstoffmenge erfassen, die während der Messung nur einen Kubikmeter Luft durchwandern und nicht wo der Dreck bleibt, in den Milliarden anderen. Wie viel Schwefel, Blei, Cadmium und Dioxin wird sich über Jahre ablagern in Wäldern, in Flüssen, auf Äckern und Wiesen, wenn Immissionen jahrelang aus ihren Kubikmeter-Momentzuständen millionenfach aus der Luft zur Erde rieseln?

Doch der Immissions-Sachverständige antwortete ganz gelassen: *„Das zu sagen, ist zwar schwierig, aber das kann man mit dem Langzeitmittelwert annähernd erfassen.“*

Da schöpfte Öko Üblich Hoffnung und glaubte, das sei ein Weg zur Wahrheit, doch verschaffte das Messverfahren ihm noch lange nicht Klarheit.

Also erklärte Dr. Aerosolus weiter: *„Gemessen wird in den Ecken von Ein-Kilometer-Quadranten und in festgelegter Höhe überm Boden. Das Ergebnis ist ein Mittel der Jahresmittelwerte von vier Messperioden.“*

Verwirrt dachte Öko an den Dreck, der über, unter und in allem steckt. Hat man mit Langzeitwerten auch die plötzliche Trifft einer Fülle von Gift im Griff? Hat man versteckte Emissionen bedacht? Genügt es, wenn man in kilometerweitem Abstand einen Kubikmeter Luft überwacht und dann gemittelte Aussagen macht? Wie realistisch ist eine daraus errechnete Aussage über die Ablagerung von Schadstoffen? Können denn Messorte abseits von Emittenten in sauberer Luft die Werte nicht so „verdünnen“, dass das Ergebnis nicht mehr ist als Bluff?

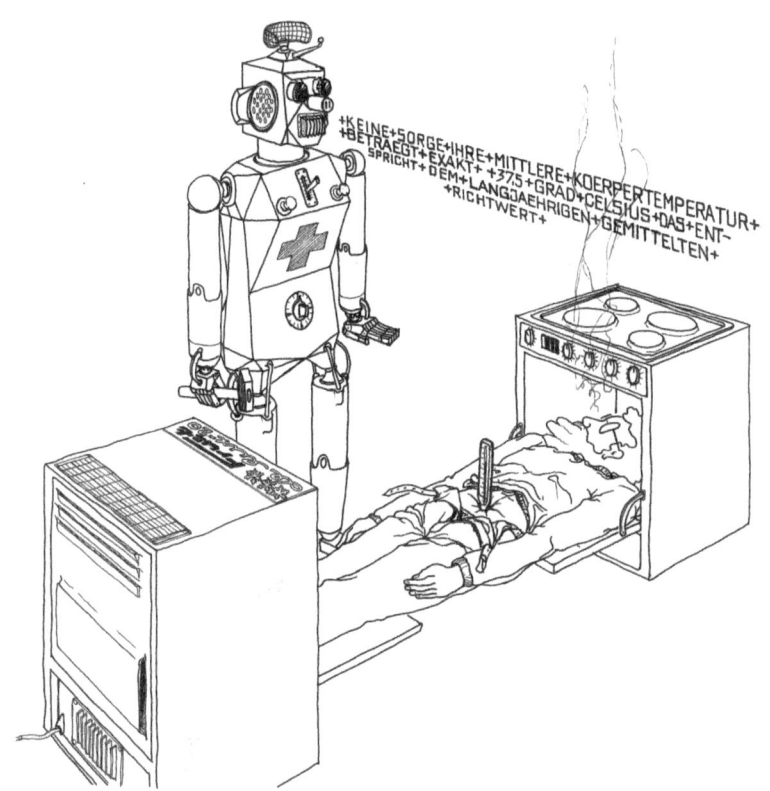

+KEINE+SORGE+IHRE+MITTLERE+KOERPERTEMPERATUR+
+BETRAEGT+EXAKT+ +37,5 +GRAD+CELSIUS+DAS+ENT~
SPRICHT+DEM+LANGJAEHRIGEN+GEMITTELTEN+
+RICHTWERT+

Was zeugt ein „gemittelter Langzeitwert" schon von
kurzzeitigen Ereignissen, von örtlichen Klein-Katas-
trophen auf Grund von Vermeidungs-Versäum-
nissen? Zudem orientiere sich das Ergebnis noch am
politisch-lobbyistischen Richtwert, der aber ange-
passt an den "Stand der Technik", schon überholt ist,
bevor das Jahr endet.

Nein, da vertraut man ja lieber auf Mund, Nase und
Ohren! Lernt wieder zu lesen mit offenen Augen und
achtet auf natürliche Sensoren.

Sagen doch Baumleichen, Dauerhusten, Stress, Krebs
und toter Fisch, es müssen endlich ehrlichere
Aussagen auf den Tisch!

# Zum Schluss, Ökos Verdruss

Da steht der Üblich nun!
Wird' er's so weiter tun?
Blickt er stets nur in eine Richtung?
Nur der Umwelt in Verpflichtung?
Schaut er nach links, ob dort die Richtung stimmt?
Denkt er dass von rechts, der Natur Gefahr
erwächst?
Ist er einseitig seit Beginn?
Fehlt ihm gar ein Teil Gehirn?
Das meinen manche Leute, im Blick von ihrer Seite.
Doch der Standort bestimmt den Blick!
Schaut Üblich voraus, oder sieht er zurück?
Von einer Seite, das ist klar, droht weiterhin Gefahr.
Öko sieht dort tief ins Schwarz.
Sieht seine Arbeit für die Katz.
Jedenfalls fragen die Ökonomen in aller Stille,
blickt ein Ökologe überhaupt durch die richtige
Brille?
Hat Üblich immer die richtige Entscheidung
getroffen?
Auch öko-fachlich bleibt diese Frage offen.
Nur - während sich selbst Ökologen darüber streiten,
machen die von der Gegenseite - wie gewohnt weiter!

# Rückblick

Ist das vorliegende Werk Wahrheit oder Dichtung?
Suche selber die Richtung.
Von tapsiger Narrheit scheint manches Erlebnis,
doch ironische Klarheit führt zum Ergebnis,
dass pro Ökologie und gegen Emissionen
sich Mut und Engagement immer noch lohnen.
Wenn's auch dem Öko oft gewaltig stank
und sein eigenes Ego im Zwiespalt erkrankt,
so lag das nur daran, dass er in Zeitnot unbedacht
selbst so manchen Fehler gemacht.
Er streitet seit Jahren für Luft, Wasser und Erde,
kämpfte verbissen für ökologische Werte.
Doch gerät er am Schluss, trotz geringem Erfolg,
nicht in Verdruss.
Unermüdlich mahnt er die Umweltsünder:
"Schützt das Klima der Erde für eure Kinder".
Dazu anspornen soll dieser Bericht,
im Rückblick mit Bild und Gedicht.

**Noch zu letzt:**

# Ökologischer Kodex

Natur erhalten - heißt Abkehr vom Alten.
Die Erde aus schlachten - heißt Leben verachten.
Brutaler Kommerz - erzeugt bitteren Schmerz.
Führt Konsumbefreiung zur Selbstkasteiung?
Wird Nahrungswahl wegen Chemie zur Qual?
Sorglos wie geschehen, kann es nicht weiter gehen.
Viele trübe Zeichen, fordern Umstellen der Weichen.

Die Gefahr ist komplex, wir brauchen einen neuen
Verhaltenskodex.

Nicht rauchen, raufen, saufen, kaufen!

(Davonlaufen?)

Nur Gemüse vom Biohof, mein Guter,
nur faire Reiskörner mit wenig Butter,
nur Genüsse aus ungebleichtem Zucker,
nur Fisch vom ökologischen Kutter

(Nur Küsse von der eigenen Kinder Mutter?)

Norm-Bananen nie? - Ausbeutung betreibt die
Fruchtkompanie.

Ananas nie? - In Plantagen gehen Kleinbauern in die
Knie.

Kokain nie? – Klaut den Ärmsten jeden Penny.

Kaffee nie? – Sein Anbau rafft afrikanische
Bergwälder hin.

(Bringt denn unser Import keinen Wohlstand dort?)

Kalbfleisch ist hell und schön – und steckt voll
Östrogen.

Muschel, Hecht und Schlei - sind vergiftet mit Blei.
Salat, Kohl und Bohnen - triefen vor Quecksilber-
Ionen.
DDT in Maismehl und Brot – führt allmählich zum
Tod.
(Was soll man stattdessen eigentlich essen?)

Nein zu Schildkrötensuppe, die sich als Ausrotter
entpuppte.

Nein zu Schlangenhaut, weil 's den Tieren das Leben
klaut.

Nein zu Leder vom Krokodil, sonst stirbt ein lebendes
Fossil.

Nein zu Robbenfell, geknüppelte Babys schreien so
grell.

(Aber seltene Tierhäute bringen Geld

und machen doch Freude?)

Im Supermarkt an der Kasse,

halte dem Verkäufer überflüssige Verpackung unter
die Nase.

Im Getränke-Center, in die Taschen stopf keineswegs
Einwegflaschen.

Im Handel überall, meide Büchsen aus Leichtmetall.
Im Tante Emma-Laden, lass dich bedienen und
beraten!

(Erhält denn Tante Emma nur die kommunale
Infrastruktur?)

Weiß, weißer als gestern.
Mit Detergentien vergiftet ihr Flüsse, liebe
Schwestern!
Neu, neuer als morgen.
Kaum da, schon alt, bemerkt man mit Sorgen!
Schnell, schneller als Gott.
Wir verlieren die Zeit, herrje sind wir flott!
Rein, reiner geht's nicht.
Sauber wird zum Zauber, den Hexen zur Pflicht!
(Bedeutet Werben denn ein Schritt ins Verderben?)

Hüte dich vor Desinfektion,
neue Viren besetzen den Thron!
Hüte dich vor totaler Hygiene,
verlass dich auf die Kraft deiner Gene!
Hüte dich vor Immunmittel,
sonst hast du nur noch Freunde im weißen Kittel!
Hüte dich vor zu vielen Tabletten,
davon profitieren die Leichenbetten.
(Heißt es nicht keck: „Dreck macht Speck!")
Im Garten keinen Torf verwenden.
Für Rasen kein Wasser verschwenden.
Mit Exoten die Landschaft nicht verändern.
Brennnesseln pflegen – mit eigenen Händen.

Sollst organischen Abfall kompostieren.

Sollst dich wegen Gestank nicht genieren.

Sollst Ameisen nicht eliminieren.

Sollst den Rasen mit Blumen verzieren.

Nein zu Pestiziden!

Schädlinge mit Blattläusen vernichten.

Nein zu Herbiziden!

Zum Unkrautjäten verpflichten.

Nein zu Fungiziden!

Schimmelpilze töten durch Lüften.

Nein zu Toxinen!

Die sich im Boden zu Giften verdichten!

Baust du auf Erdstrahlen,
leidest du psychischen Schaden.
Schläfst du über Wasseradern,
wirst du im Schweiße baden!

Aus Küchen im magischen Dreieck flüchte,

verdorben sind alle Gerichte!

Lebst du im magnetischen Feld,
hau ab und spiel nicht den Held!
(Viele Orte sind okkult. Suche andere mit Geduld!)

Ob beim Einbau von Asbestzement womöglich die
Lunge brennt?

Kann man mit bestimmten Fliesen Radioaktivität
genießen?

Soll man Bausteinen begegnen mit Argwohn,
emittieren sie Radon?
Enthalten Bretter und Laden vielleicht PCB-Farben?
Kann man mit Kunststoff-Böden sich selber töten?

Ist Formaldehyd gesund oder werden die Bronchien
wund?

Welche Gefahr liegt offen bei chlorierten
Kohlenwasser- Stoffen?

Sind vom Grill die Benzpyren schlecht für Muskeln
und Sehnen?
(Bei all dem muss man sich fragen, was tun ohne den
Tod zu wagen?)

Setze dein Haus unter Glas! Beheize es mit Sonne und Biogas!

Sind es nur 18° in der Kammer, zieh einen Pullover an, aber ein warmer!

Mach überall Wärmedämmungen – egal wie es aussieht – nur keine Hemmung!

Aber nimm anstatt Schaum-Poor entweder Stroh, Wolle oder Schilfrohr!

Trau der Ölversorgung nie!

Bau dir ein Windrad, dann hast du Energie.

Mach aufs Dach Grasbahnen,

warm hielt das schon bei den Germanen.

Setz an die Wände Obst, Wein und rankende Gebinde, das fördert die Vögel, hält ab die Winde.

Sortier den Müll in verschiedenen Tonnen,

das schont Deponien und Rohstoffe werden gewonnen.

Ist Eis auf der Straße, so sollst du schaben,

sollst nicht mit Salz tauen, sonst stirbt der Baum.

Ist verstopft der Abfluss, heißt das, dass du schrauben musst, tust du ihn mit Chemie putzen,

wirst du die Bäche verschmutzen.

## Und auch noch:
Keinen Wagen, höchstens 'ne Ente?
Keine Rallye quer durchs Gelände!
Kein Tempo auf leeren Autobahnen?
Keine Abgasschwaden, wegen  Waldschaden!
…etc. und so weiter, Es ist eine unendliche Leiter – leider!
Es ist verwirrend. Auch für Öko, - den Irren!

# Glossar

| | |
|---|---|
| **Benzpyren** | Krebserreg. Kohlen-Wasser-Stoff, entsteht bei unvollständiger organ. Verbrennung. |
| **Biotop** | natürlicher Lebensraum bestimmter Tier- und Pflanzengesellschaften |
| **Biozid** | Desinfektionsmittel für organische Verschmutzung in Feuchtigkeiten |
| **Dioxin** | langlebige, giftige Cl-KW -Verbindung ( z.B. aus der Müllverbrennung) |
| **Emission:** | Ausstoß oder Abgabe von (Schad-) Stoffen |
| **Emittent:** | Ort an dem die Emission entsteht (z. B. luftverschmutzende Quelle) |
| **Formaldehyd** | Lungen reizendes Desinfektionsgas |
| **Fotooxidanten** | bei Licht sich verändernde Substanzen |
| **Furane** | Laut WHO krebserregende Säuren |
| **Fungizide** | Pilzvernichtungsmittel |
| **Herbizid:** | Gift zur Pflanzen-Behandlung |
| **Immission:** | außerhalb von Emissions-Quellen festzustellende Einwirkung von freigesetzten (Schad-) Stoffen, |
| **Kontamination** | Verschmutzung (mit Schadstoffen) |
| **Korrelation** | Wechselbeziehung zwischen Stoffen (u. U. mit Veränderung ihrer Wirkung) |
| **Nenzen;** | Samojeden-Volk, lebt westlich und östlich des nördlichen Urals |
| **Paragraph 34** | „Außenbereich" (regelt die Bebauung außerhalb der bebauten Ortslage) |
| **PCB** | giftige Chlor-Kohlenwasserstoff-Verb. |

| | |
|---|---|
| **Pestizid** | Gift zur Schädlingsbekämpfung |
| **Recycling** | Wiederverwertung von Abfällen |
| **Richtwert** | vorgegebener Orientierungswert für Kontaminationen |
| **Rote Liste** | Liste der gefährdeten oder vom Austerbeben bedrohten Arten. |
| **Toxid:** | Giftige Substanz, ganz allgemein |

**Bildnachweis**:
Alle 50 Zeichnungen sind vom Autor
(davon 48 angefertigt in den Jahren
1980 - 85.)

## Der Autor

Günter Diesel wurde 1941 im Saarland geboren. Schon in frühester Jugend lernte er durch zwei ältere Herren die Natur kennen. Sie nahmen ihn mit auf ihre Waldwanderungen und zum Pilze sammeln. Sein Spielplatz waren der Wald, die Feuchtgebiete, die Weiher und die Sandgrube, aber auch die Bergehalden, Absinkweiherweiher und Industrie-Anlangen im Umfeld seines Wohnortes.

Dort hat er an fast allen Abenteuern, die jungen Heranwachsenden in diesem Umfeld bereitstehen, teilgenommen. Die Schulferien verbrachte er häufig bei einem Imker und Bauern auf dem Lande.

Er war als Kind schon ein begabter Zeichner. Mit Vorliebe zeichnete und malte er Tiere und Landschaften.

Später studierte er Architektur und wurde Diplom-Ingenieur.

Seine Reisen und Wanderungen an vielen Orten der Welt galten vorwiegend dem Kennenlernen fremder Natur und Kultur. Er hielt seine Eindrücke in Aquarell- Öl- und Acrylbildern fest. Alle seine Beobachtungen und Erfahrungen waren für ihn Anlass Umweltplaner zu werden. Als Leiter eines Amtes für Umwelt-, Natur-, Gewässer-, Boden- und Klimaschutz beendete er seine berufliche Karriere.

# Weitere Bücher von Günter Diesel

# KOHLENSTAUB
# UND
# LUSTFLUCHTEN
## Aus dem Leben eines Saarländers

Neue Auflage, Titel der 1. Auflage: „so war's"
204 Seiten / 39 Fotos, Zeichnungen und Textkopien

Günter Diesel

# GLÜHWÜRMCHEN
# UND
# LYONERRATTEN

## Aus dem Leben des Kurt

In saarländischem Rheinfränkisch mit Übersetzung ins
Hochdeutsche.
8 Geschichten, 216 Seiten, 27 Zeichnungen

Günter Diesel

# KREUZSCHMERZ
# UND
# MÖBELFRUST
## Kurt im Chaos
## der Schlafzimmerrenovierung

Hochdeutsche Fassung des Kapitels „Kreuzschmerzen";
aus dem zweisprachigen Buch "Glühwürmchen und
Lyonerratten".

64 Seiten / 10Zeichnungen